IMPRESSUM

Autorenfoto	Edi Orendt
Gestaltung	Lucia Geitner · Pressewerbung Nürnberg
Satz	Klaus Beck · Emmy Riedel · Gunzenhausen
Gesamtherstellung	© Verlag Nürnberger Presse
	Druckhaus Nürnberg GmbH & Co. KG

Wer Nürnberger Dialekt nachmacht oder verfälscht,
oder nachgemachten oder verfälschten
Nürnberger Dialekt spricht oder verbreitet,
wird mit Bratwurst- und Schäuferles-Entzug
nicht unter 10 Jahren bestraft.
LEBENSWEISHEIT

„Des Leebm is zu korz fir a langs Gsicht."
ANDREAS LEHNERER, Opa des Autors

„Iich hob an schdarkn Glaubm.
Ich glaub, iich dringg edz nu ans."
DER AUTOR (also braggdisch iich selber)

GÄIH WEIDER –
HOGG DI HER!

INHALT

INHALT

VORWORT

Wie in anderen Dialekten auch, nehmen sich die Sammelsurien der fränkischen Sprache im Allgemeinen sowie des Nürnberger Dialektes im Besonderen meist recht humorvoll aus. Das liegt in der Natur der Sache. Diese oftmals alt überlieferten lokalen Sprachgebräuchlichkeiten darf man ohne weiteres unter der Überschrift „Kulturerhalt" verbuchen.

Man sagt ja den Franken – wie übrigens vielen anderen Volksstämmen auch – einen besonders trockenen Humor nach. Ich weiß zwar nicht, was dann ein nasser Humor ist, aber manchmal kommt fränkischer Humor schon staubtrocken daher. Und über seinen Humor hinaus zelebriert der Franke ja bekanntlich eine ziemlich barocke Denkweise, und so spricht er auch.

Quasi unisono.
Ein authentisches Gesamtwerk also.

Beschäftigt man sich mit dem fränkischen Menschen, vor allem aber mit seinen Dialekten, bekommt man viele Einsichten der besonderen Art. Als ein in Nürnberg geborener, hier verwurzelter, und zutiefst überzeugter fränkischer Mensch verschafft mir der Versuch, den Nürnberger Franken als solchen zu beschreiben, spitzbübisches Vergnügen.

Jedenfalls gilt der Franke als komplette Einheit im Denken, im Sprechen und im Handeln. All das passiert eindrucksvoll. Wenn er schreibt, befinden sich in der Tinte alle Zutaten – vom süßen Zuckerwasser bis zum scharfen Essig. Besonders in der Rhetorik stellt dieser Menschenschlag ein in sich selbst ruhendes Kunstwerk dar, natürlich versehen mit all seinen Facetten.
Beispiel gefällig?

Auszug aus der Rede des Firmenchefs bei der Betriebsversammlung:
„Der Schorsch is vo der Ladder roogfluung. Des freid uns gscheid, – PAUSE – dass nern nix Schlimmers bassierd is."

Was können wir hier lernen?

Fränkische Dialekte sind keine polemischen Auswüchse, sondern Institutionen. Nicht nur mundartmäßig auch menschlich haben wir Franken ausgeprägte Neigungen zum offenen, ehrlichen, nicht immer ganz diplomatischen Wort, zur Ironie, manchmal zur Derbheit, aber auch zur Herzenswärme und damit zur Nestwärme. Dialekte bringen wenigstens partiell unseren seelischen Haushalt in Ordnung. Die oftmals barocke Art zu denken manifestiert sich in der Sprache.
„Suwos mou mer als Frangge eimbfach wissn."

Und eines darf bitte nicht vergessen werden:
Unsere Nürnberger Mundart streichelt auch immer wieder den eigenen Wohlfühlfaktor.

Es ist schon wichtig, dass im Zeitalter von „denglisch, englisch und hochdeutsch" unser *„schäiner gemüüdlicher fränggischer Dialeggd"* nicht untergeht. Die Kinder und Enkelkinder sollten lernen, dass es neben dem Hoch- und Schuldeutsch auch noch die Mundart gibt. Und die hat ebenso ihre Berechtigung. Mundart ist immer ein Stückchen Heimat. Dialekte dürfen einfach nicht untergehen oder in Vergessenheit geraten.

Und speziell das Fränkische hat viel Kraft im sprachlichen Ausdruck. Die braucht es auch. Warum? Der immer größer werdende Zustrom von nichtfränkischen Dialekten, beispielsweise schwäbisch, oberbayerisch, oberpfälzerisch oder sächsisch et cetera, muss nicht nur verdaut werden, sondern wird auch zum sprachlichen Prüfstein für kommende Generationen. Und

mit hintersinnigem Schmunzeln fragt sich der Franke, ob diese Menschen mit uns jemals wirklich gleichberechtigt am Wirtshaustisch sitzen werden – der geneigte Leser wird sich hier ein verschmitztes Grinsen eventuell nicht verkneifen können.

Sind wir arrogant? Nein, nein und nochmals nein. Wir brauchen nicht notwendigerweise viele Superlative für unser Selbstbewusstsein. Aber wenigstens ein bisschen müssen wir uns doch von anderen absetzen dürfen, etwa von der manchmal etwas überheblichen Lederhosenmentalität der Münchner und der Oberbayern.
„Odder ned?"

Und es gibt genügend Gründe, unser Selbstbewusstsein auch stolz vor uns her zu tragen. Die Münchner geben an mit ihrer Allianzarena. Wir haben unser Frankenstadion (*„edz fei blouß nix anders soong"*). Was sind schon ihre Weißwürste gegen unsere Bratwurst und unsere Stadtwurst? Den oberbayerischen Seen setzen wir eine komplette fränkische Seenplatte entgegen. Und was heißt hier schon Münchner Starkbier? Das stärkste Bier der Welt heißt „Donnerbock" und kommt aus der Schorsch-Bräu in Gunzenhausen. Münchner Biervielfalt? Von wegen. Die größte Brauereidichte der Welt hat Franken mit 209 Brauereien. In der Ortschaft Aufseß gibt es 375 Einwohner, aber vier Brauereien. Und gegen unsere *„Gniedla"* und unsere *„Glööß"* haben die südlichen „Semmelnknödeln" sowieso keine Chance fränkische Wirtshaustische vorrangig zu erobern.

Haben wir nicht auch genügend exorbitant wichtige Persönlichkeiten hervorgebracht, die aufgrund ihrer fränkischen Herkunft meistens mehr, manchmal weniger zu unserem Ansehen beigetragen haben:
Adam Riese, Max Morlock, Henry Kissinger, Albrecht Dürer, Thomas Gottschalk, Peter Henlein, Elke Sommer und Martin Behaim, sogar *„Loddar Maddäus"*, aber auch Kaspar Hauser,

Max Grundig, Gustav Schickedanz, darüber hinaus Adam Krafft, Ludwig Erhard, Hans Sachs und natürlich Richard Wagner sowie Levi Strauss – alle haben sie fränkische Wurzeln. Und die Liste ließe sich wirklich noch lange fortsetzen.

So reift also die Erkenntnis, dass der Dialekt uns hilft, die banalen Zwänge des Alltages leichter und mit einem Augenzwinkern versehen zu bewältigen. Und deshalb hier ein wirklich gut gemeintes und konstruktiv freundschaftlich formuliertes Wort an unsere nicht-fränkischen Mitbürger:

Natürlich genügt es nicht, den Nürnberger Urschrei *„Allmächd"* einerseits und das alles in den Adelsstand erhebende *„Bassd scho"* zu beherrschen.

Aber ein Anfang wär's doch – oder?

DIE BERÜHMTEN WEICHEN KONSONANTEN

„*Edzerdla gäihds lous.*" Kommen wir jetzt zum eigentlichen Thema, zum Dialekt in unseren Breitengraden.

Als erstes wollen wir uns mit den weichen fränkischen Konsonanten (den Mitlauten) beschäftigen. Der Franke als solcher gilt ja als sehr konsequenter Konsonantenverweigerer. Ein Beispiel von wirklich vielen ist unser „weiches K". Da wird der Knacker zum „*Gnagger*", das Genick wird zum „*Gnagg*", zu den Kleidern sagt man „*Glaader*" und der Knecht Rupprecht wird zum „*Gnechd Rubbrechd*".

Glaader

Übrigens: Entgegen mancher Behauptung aber gibt es in Nürnberg sehr wohl ein hartes K, und zwar immer dann, wenn nach dem K ein Vokal (Selbstlaut) folgt: Die „*Katz*", die „*Kichn*", die „*Kerch*" oder die „*Kulln*". Eigensinnigerweise genehmigt sich der Franke hier aber eine berühmte Ausnahme: Die Garage wird zur „*Karaasch*".

Aber Achtung – und jetzt aufgemerkt: „*Buffreis*" ist kein Bordellgetreide und „*Greisverkehr*" kein Sex unter Rentnern.

An der Stelle darf natürlich die wohl berühmteste Geschichte, was weiche Konsonanten betrifft, nicht fehlen:

Ein Nürnberger geht mit seiner Frau in der Stadt spazieren. Auf einmal stupst die Frau ihren Mann an mit den Worten: „*Allmächd, Moo, schau amol hie, wos des Audo fir Schild hod – GB*". „*Jaa*", antwortet der Mann erklärend, „*des Audo kummd aus Großbridannien. Su wäi fir Deudschland ein D draufschdäihd, su schdäihd fir Großbridannien GB*". „*Ach suu*", bemerkt die Frau dann, „*ich hob scho gmaand, der is ba der Grimminalbollizei .*"

Grimminalbollizei

Überhaupt lesen sich Begriffe in fränkischer Mundart geschrieben optisch sehr angenehm für Nürnberger Augen, etwa *Debbich, Eidlkeid, Dabferkeid* oder *Bollidigger*. Paradebeispiele aber sind der Pullover aus Polyacryl: „*Boliagrüülbullower*" und natürlich die „*Brosdaada*", ebenso der „*Glabbschduhl*", der „*Bannoraamabligg*" und als Modegetränk der „*Dschinndonnig*".

Nur nebenbei – eines der wenigen Wörter mit einem harten T – das Wort „Sembft".

Sembft

Die Klöße zum sonntäglichen Braten heißen in der Mehrzahl „*di Glööß*", in der Einzahl „*der* „*Glooß*", weich geschrieben und weich gesprochen.

Ersatzweise – echte Nürnberger wissen das – sagt man bei uns natürlich „*des oder die Gniedla*". Fränkische „*Glööß*" oder „*Gniedla*" zeichnen sich übrigens dadurch aus, dass „*innerdrin*" die „*Gräberla*" nicht fehlen dürfen, also die gerösteten Weißbrotwürfel. Sie sind unverzichtbarer Bestandteil eines original fränkischen „*Gniedla*".

Auch in der internationalen Forschungsarbeit kommen unsere „*Gräberla*" vor.

Hier eine streng elitär-wissenschaftliche Unterhaltung:

- Forscher A: „Wir sind durch neue Bohrtechniken bis ins Erdinnere vorgedrungen".
- Forscher B: „Und – habt ihr was gefunden?"
- Forscher A: „Ja, geröstete Weißbrotwürfel!"

Ein weiterer Kommentar wäre hier völlig überflüssig. Einverstanden?

Was wird oft zu den fränkischen Klößen zuhause im Kreis der Familie oder im „*Wärdshaus*" gegessen? „*A Schaiferla.*"

Wie erklärt man einem Preußen, was ein „*Schaiferla*" ist? Das ist das Endstück einer Schulter von einem toten Schwein. Und man darf nicht vergessen, die Haut einzuschneiden. Dann gibt es eine „*gscheide Grusdn*" (Kruste). Wenn nicht, hat man eine Schwarte, „*a Schwaddn*", und die ist ungenießbar – wie im richtigen Leben.

Zu den weichen Konsonanten übrigens noch eine kleine Geschichte: Der Sohnemann sagt zum Vater: „*Babba, ich mecherd an Globus.*" Worauf der Vater antwortet: „*Du gäigsd derhamm affs Gloo und in die Schul fährsd middn Schulbus.*"

Fränkische Statements klingen immer wie ein Manifest.

SPRACHLICHE GEGENSÄTZLICHKEITEN

Viele sprachliche Eigenheiten gibt es in unserem Dialekt, liebe Leserinnen und Leser, die auf diese Art und Weise in anderen Mundarten nicht vorkommen. Oder selten. Oder wirklich nur manchmal. *„Odder blouß aweng."*

Die Rede ist von unseren sprachlichen Gegensätzlichkeiten. Die nimmt man täglich in den Mund, denkt überhaupt nicht mehr darüber nach, obwohl sie meist diametral weit auseinander liegen.

Beginnen wir mit einem typischen Beispiel.

Wenn's im Winter nachts draußen kalt wird und man hat einen Kachelofen oder einen offenen Kamin zuhause, dann braucht man *„a Hulz zum Neischiern"*, also Holz zum Einschüren. Normalerweise wird das Holz Stück für Stück auseinandergespalten. Aber da ist unser Nürnberger eigensinnig – er *„haut sei Hulz zamm. Odder er säächds zamm."*

gscheid bläid

Und so gibt es im täglichen Umgangston viele Beispiele von sprachlichen Gegensätzlichkeiten. Ist jemand nicht ganz so intelligent – meine Leser und Leserinnen natürlich ausgeschlossen – dann sagt man bei uns des Öfteren: *„Der is gscheid bläid."* Na prima. Was ist er denn jetzt? *„Gscheid?"* oder *„bläid"*?

Oder wenn jemand nicht ganz so attraktiv ist – meine Leserinnen und Leser natürlich auch ausgeschlossen – heißt es hier *„Der is ganz schäi häßlich."* *„Schäi?"*, *„häßlich?"* Was denn nun? Das Gegenteil hieße dann *„furchdbor schäi"*.

Bei einem meiner letzten Auftritte – es war eine 60. Geburtstagsfeier – gab es warmes Buffet. Vor mir in der Reihe stand ein Mann, der sich seinen Teller unglaublich hoch und voll aufgeschichtet hat. Kommentar seines Nachbarn: *„Is des ned aweng viel?"* Kann ein wenig überhaupt viel sein?

Auch im ehelichen Zwiegespräch kommen unsere sprachlichen Gegensätzlichkeiten immer wieder vor. Unser Nürnberger Ehepaar macht sich fertig, um wegzugehen. Der Mann klappert schon mit den Schlüsseln unter der Haustüre, die Frau steht noch vor dem Spiegel. Was sagt der Mann zu seiner Frau? *„Edz mäimer uns obber langsam aweng schickn!"* Worauf die Frau antwortet *„Edz ward hald amol schnell. Mir kummer nu bald gnouch zu schbäd!"*

Und kommt die Frau vom Einkauf nach Hause, beschwert sich ihr Mann schimpfenderweise: *„Du bringsd mer immer nie wos mid."* Irgendwann geraten die beiden dann aneinander, und die rhetorische Auseinandersetzung endet im drohenden Ton mit den Worten: *„Du wennsd mer ned gäihsd, nou kummerder obber!"*

Auch am Beispiel „Sprachliche Gegensätzlichkeiten im fränkischen Wirtshaus" kann man – wie so vieles – diese Eigenheiten in unserem Dialekt wunderbar demonstrieren.

Stellen Sie sich vor, Sie sitzen in ihrer *„Wärdschafd"*. Die Türe geht auf, ein Mann kommt herein, klopft mit der Faust auf den Tisch, um *„Servus"* zu sagen. Der Stammgast nebendran begrüßt ihn mit den Worten: *„Gäih weider, hogg di her."* Und wenn unser Gast dann nach der fünften oder sechsten Halben zahlen will und nach Hause möchte, sagt derselbe Stammtischler *„Gäih zou, bleib hald nu aweng dou."*
So selbst gehört in einem Großgründlacher Wirtshaus.

Wärdschafd

Man muss nur die Ohren aufsperren und immer mit Zettel und Stift bewaffnet sein, um diese vielen Beispiele täglich aufzuschnappen. Letzte Woche war ich in der Stadt. Neben mir in der Fußgängerzone Opa und Enkelsohn. Fragt der Enkel: *„Obaaa, gräich ich a Eis?"* Darauf der Großvater: *„Dou gibbds amol gor nix, freili gräigsd du a Eis."* Klingt schön – oder?

Und hier ein richtiges Highlight. Unser Nürnberger Ehepaar fährt am Sonntagnachmittag *in „di Fränggische"*, also in die Fränkische Schweiz, zum Schinken-Essen. Die Frau sitzt am Steuer und fährt, der Mann sitzt auf dem Beifahrersitz. So fahren beide über die Münchener Straße raus aus der Stadt, auf den Zubringer. Irgendwann sind sie schon eine Viertelstunde lang auf der Autobahn unterwegs. Da sagt der Mann zu seiner Frau*: „Edz konnsd langsam aweng schneller fohrn."*

Das Pendant dazu wäre die Schilderung der Straßenverkehrssituation: *„Dou hobbi aff der rechdn Schdrassnseidn a Radarfalle gsehng. Dou binni dann ganz schnell aweng langsamer gfohrn."*

Sprachliche Gegensätzlichkeiten im Alltag kann man überall beobachten: Die Frau Müller und die Frau Meier treffen sich im Treppenhaus. Frau Müller: *„Du, ich waß wos Neis!"*. Frau Meier: *„Hör auf, erzähl amol!"* *„Dübbisch fränggisch hald."*

Eimbfach an Dobbldn

Nochmal zurück in die *„Wärdshaus-Weld"*. Der Karre zum Fritz: *„Hobb, ich geb an Schnabs aus – wos fir an moggsdn?"* Darauf der Fritz: *„Eimbfach an Dobbldn".* Dann erzählt der Schorsch*: „Hobbders scho ghärd – der Willi is gschgdorm. Eine Riesn-Draueranzeich hodder ghabd. A ganze halbe Seidn."*

Nachbarschaftliche Dialoge sind ja oft spannend. Zum guten Schluss hier noch ein typisches Beispiel. Der eine Nachbar hat sich ein neues Auto gekauft. Den andern Nachbarn zerreißt es schier vor lauter Neugierde, was denn das neue Kfz wert ist. Aber bemerken tut er: *„Ich möchd ned wissen, wos der Karrn kost hod."*

WÖRTLICH SCHWER ÜBERSETZBARE WÖRTER

In diesem Kapitel wollen wir uns mit Nürnberger Begriffen beschäftigen, die man wörtlich entweder nur schwer oder gar nicht ins Hochdeutsche übersetzen kann. Es gibt in der deutschen Hochsprache keine adäquaten Bezeichnungen dafür.

Zum Beispiel der Begriff „*a Bebbm ausgniedschn*" ist wörtlich nicht zu übersetzen. Man könnte wohl mit der Erklärung „einen Pickel ausdrücken" denselben Umstand beschreiben, aber die Wortwahl wäre völlig anders.

Bebbm

Und so gibt es viele Bezeichnungen, die wie Relikte aus einer anderen Ära klingen: Ein „*Blombmzäicher*" ist ein Karamellbonbon, „*Aungdegglglabbern*" kriegt man, wenn man mit den Wimpern klimpert, und wenn jemand den starken Mann markiert, dann „*doud si der ganz schäi aafmandln*". Ist jemand alleinstehend, gilt er als „*aaschifdi*" und ein Hansdampf in allen Gassen wird bei uns als „*Bäiderla aff alle Subbm*" bezeichnet. Wörtliche Übersetzung unmöglich!

Wenn sich im Wirtshaus ein vorlauter Angeber auch noch sehr breit macht, „*Nou hockt der Bimberlawichdi widder bridscherbraad dou.*" Ein unbeholfener, tollpatschiger Mensch „*schdelld si ganz schäi dalcherd oh*" und wenn jemand auf einer kleinen kulinarischen Kostprobe auch noch lustlos herumkaut, „*Nou ziepft der an dem Moongdrezzerla ganz schäi rum.*"

Moongdrezzerla

Kommen wir zu dem Begriff „*Läbberi*", mit dem feuchter Dreck oder Schlamm bezeichnet wird. Der wirklich untaugliche Versuch eines „*Breißn*", also eines aus Preußen stammenden Menschen, das Wort im Hochdeutschen mit „Lebeerie" zu übersetzen, gehört mit lebenslangem Entzug von unseren feinen fränkischen Biersorten bestraft! Jawoll!

Aufkleber oder Etiketten heißen bei uns „*Bläbberla*". Dass ein „*Driedschaiferla*" die Türschwelle zwischen zwei Räumen

darstellt, weiß heute fast niemand mehr. Ein schmächtiger Mensch wird als „*Grischberla*" und ein geiziger Mensch als „*Noudniggl*" bezeichnet. Wenn jemand hierzulande verbalen Unsinn verbreitet (mit seiner „*Safdwaffl*"), dann heißt das hier „*Gschmarri*", „*Gwaaf* „oder „*Gschmorgl*".

Interessant sind auch immer wieder entsprechende Ursprungsforschungen: Der Begriff „*kobberneggisch*", der komische Umstände bezeichnet, ist auf Nikolaus Kopernikus zurückzuführen, dessen Lehren zu seiner Zeit als höchst sonderlich und kompliziert galten. Wer in Franken von einer „*Robbern*" spricht, meint die Schubkarre und leitet den Begriff von der mittelhochdeutschen „*Radebäre*" ab. Unter einem „*oardlichn Waggerla*" versteht man ein süßes Mädchen. „*Oardlich*" ist auf „adelig" zu beziehen, und „*Waggerla*" kommt von dem wackeligen Gang, der den kleinen Kindern eigen ist. Und die haben *Hädscher* oft einen „*Hädscher*", einen Schluckauf.

Mit „*Hoosn-, Henner-* oder *Daubmgoggerer*" sind Hasen-, Hühner- oder Taubenzüchter gemeint, ganz anders der „*Maadlasgoggerer*", der in Nürnberg und Umgebung als Mädchenschreck gilt. Nicht zu verwechseln mit dem „*Goggerer*" ist der „*Goocherer*", der suchende Mensch. So werden mit Verlaub die Sperrmülldetektive auch als „*Schuttgoocherer*" benannt.

Im nächsten Kapitel geht es um ganze Sätze, an deren Übersetzung jeder „*Breiß*" verzweifelt. Hier schon mal ein kleiner Vorgeschmack. Es gilt, folgenden hochdeutschen Satz in astreines Fränkisch zu übersetzen: „Dieser kleinwüchsige Mensch ist sehr unvorteilhaft gekleidet." Hierzulande heißt das: „*Der aafgschdellde Mausdreeg is widder zamgschdelld wäi a bäiser Finger.*" „*Goud – hä?*"

WÖRTLICH SCHWER ÜBERSETZBARE SÄTZE

Hier geht es nicht nur um einzelne fränkische Begriffe, sondern um ganze Sätze, die nicht wörtlich ins Hochdeutsche zu übersetzen sind. Unseren nicht ganz fränkischen Mitmenschen kann man damit *„vo edz aff nacherdla"* riesige Fragezeichen in die Augen zaubern, manchmal sogar völlig verzweifeln lassen.

Versuchen wir etwa folgenden Satz ins Fränkische zu übersetzen: „Wegen übergroßer Eile ist er der Länge nach hingefallen". Bei uns heißt das: *„Vuur lauder Lou-mi-aa-mied is er gschdreggsderlängs hiegfluung."* Nicht ganz einfach für Nichtfranken.

gschdreggsderlängs

Ein weiteres typisches Beispiel: „Wenn er einmal Misserfolg hat, macht er gleich ein unglückliches Gesicht." Die fränkische Übersetzung lautet korrekt: *„Wenn den amol wos ned nausgäihd, nou läßd er glei sei Läädschn hänger."*

„Die Heulsuse fängt gleich an zu weinen." Diese Ankündigung klingt bei uns ganz anders: *„Des Greinmeicherla macht scho widder a Bfännla."*

Als eines der schönsten und bekanntesten Beispiele gilt folgender hochdeutscher Satz, in einer Konditorei geäußert: „Ich hätte gern das Stück Gebäck hier." Achtung, hier die hochfränkische Version: *„Iich gräich däi Doddn doddn"* (die Torte dort drüben).

Was für nichtfränkische Ohren unverständlich klingt, sind Schalmeienklänge für unsere Seelen. Man könnte diese Ausgeburten des fränkischen Idioms auch bezeichnen als „verbale lokaltypische Klangweltkompositionen". *„Allmächd, glingd des gschwolln!"*

Allmächd

„Machmer hald nu aweng weider" mit den schwer oder gar nicht zu übersetzenden fränkischen Begriffen. Die Erhaltung unserer *„fränggischn Schbrachkuldur"* macht ja auch Sinn – *„odder ned?"*

Hier noch ein paar typische Beispiele, die vorwiegend fränkische Menschen verstehen:

„Sonst ist er immer und überall ein lustiger Geselle, aber heute geht's ihm nicht so gut". Bei uns heißt das: *„Sunsd is er a Bäiderla aff alle Subbn, obber heid is er banander wäi a Bäggla Resi."*

Die hochdeutsche Version für einen Kommentar am Essenstisch: „Wenn dir das nicht schmeckt, dann lässt du das Essen halt stehen." Die exakt richtige lokale Version lautet: *„Wennsd suu oogschmoochd bist, du alder Gnooschbeidl, nou frißd hald Hundsfodzn."*

Gnooschbeidl

Jetzt noch eine rhetorische Frage unter Freunden: „Lässt du dir von deiner bösen Frau immer alles vorschreiben?" Und hier die *„fränggische"* Fassung: *„Du schdäihsd wohl under der Fuchdl vo deiner Gradzbärschdn derhamm?"*

Und wenn jemand immer alleine unterwegs ist und dabei alles andere als vorteilhaft gekleidet ist, sagt man bei uns *„Der kummd aaschifdi daher und is ganz schäi zamzubfd."*

Zum Schluss hier die schönste aller Übersetzungen: „Gib dem Blumenstock Wasser, sonst trocknet er aus." Korrekte Erklärung dafür: *„Gäiß dein Schdorrn doddn, sunsd verdärrdärrdärr. Dou wärderder därr."* (…sonst verdörrt er dir, da wird er dir dürr").

Viel Spaß beim Drübernachdenken und vor allem beim Nachsprechen.

WÖRTER MIT DOPPELDEUTUNG I

In diesem und im nächsten Kapitel unseres kleinen *„fränggischn Schbrachkurses"* soll es um die bekannte Doppel- oder Mehrfachdeutung für ein und das selbe Wort gehen. Dies ist ja eine weitere der vielen liebenswerten Eigenheiten unseres Dialektes.

Gleich ein paar Beispiele:
Mit dem Wort *„hiemachn"* meint man einerseits das Hinmontieren beispielsweise eines Schränkchens an die Wand (*„Moo, machmer amol des Schrängla an die Wänd hie"*). Andererseits heißt bei uns *„hiemachn"* auch kaputtmachen (*„Der Glaa hod sei Schbielzeich hiegmacht"*).

Mit dem Wort *„Biggsla"* meint man gleichzeitig eine kleine Dose, aber auch abschätzig ein etwas freches Mädchen.
Auch interessant: der Begriff *„Gräberla"*. Dies ist nicht nur die Ritze zwischen den Ehebetten (*„Die Glaa derf bei Oma und Oba im Gräberla schloufm"*), *„Gräberla"* heißen auch die gerösteten Weißbrotwürfel *„in di Gniedla drinner"*, wie bereits besprochen.

Biggsla

Ein interessantes Doppelsynonym ergibt sich bei dem Begriff *„Asnanderganger"*. Wenn sich zwei Menschen trennen, so sind die *„asnanderganger"*. Dasselbe Wort wird verwendet, wenn jemand über Gebühr an Gewicht zugenommen hat. Und hier dazu das verschmitzt angewendete Doppelsynonym: *„Ich bin mid derer asnanderganger, wall däi suu asnanderganger is."*

Das Gegenteil wäre dann: *„Zammganger"*. Wenn sich ein nettes Treffen ergeben hat, *„nou is ganz schäi wos zammganger"*. Wenn aber jemand übermäßig an Gewicht abnimmt, *„nou is der ganz schäi zammganger"*.

Hier noch ein *„wärgli fränggischer Begriff: „Schdobfer"*. Die *„Breißn"* würden unseren fränkischen Kartoffelbrei als Püree bezeichnen. Na gut. Von uns aus. Wenn aber der *„Glubb"*

Schdobfer

(unser ruhmreicher 1. FC Nürnberg) wieder einmal ein schlechtes Spiel abgeliefert hat, so bemerkt man: *„Däi homm widder an Schdobfer zammgschbield."* Nur der Vollständigkeit halber und des historisch-rhetorischen Anspruches wegen sei ergänzend noch erklärt, dass mit dem Begriff „Stopfer" auch ein fränkischer Liebhaber gemeint ist. Wirklich nur der Vollständigkeit halber. Ehrlich! Ganz bestimmt!

Weiter geht's mit dem Wort *„bleschn".* Damit kann man schlagen, hauen, oder auch verdreschen meinen *(„der hod a mordsdrumm Bleschn gräichd"),* gemeint ist aber auch oft das starke Rauchen *(„Mensch, der bleschd ja anne nach der andern nei").*

Bridschn

Interessant ist auch der Begriff *„Bridschn".* Einerseits ist das der Name für eine Liege *(„zu mein Middochschläfla hauer mi a weng aff mei Bridschn hie"),* andererseits ist damit bei uns in *„Nämberch"* auch ein ziemlich liederliches Frauenzimmer gemeint *(„Suu a Briddschn, suu a elendiche!").*

Auch das Wort *„Gweddschn"* hat die berühmte Doppeldeutigkeit. Alteingesessene wissen, dass eine *„Gweddschn"* ein Akkordeon ist, gleichzeitig bezeichnet man damit aber auch eine kleine Firma oder einen kleinen Betrieb *(„morng fräih moui widder in mei Gweddschn nei").*

Beim Begriff *„Badscher"* meint man einerseits die Hände *(„dou deine Badscher wech"),* andererseits den Tischtennisschläger *(„Hosd dein Badscher derbei?").* Als dritte Bedeutung gilt die Bezeichnung für einen Wirrkopf *(„hod der vielleichd an Badscher").*

Erstaunlich: Der Begriff *„banander"* hat vier verschiedene Bedeutungen, und die liegen auch noch sehr weit auseinander. *„Banander"* heißt in erster Linie „zusammen" *(„heit hock'n* *mer schäi banander"*). Es ist aber auch mit „in Ordnung" zu übersetzen *(„di Schmiddi hod an schäiner Haushaldn banander"*). Die dritte Bedeutung meint: „noch rüstig im Alter" *(„der Meiers Gobl is fir sei Alder nu ganz goud banander"*). Und die vierte Bedeutung hat es in sich: „Hochgradig betrunken" *(„Hossders gseeng, der Erwin, na der is heid widder bäis banander"*).

Auch im derberen Sprachgebrauch haben sich die Doppeldeutigkeiten manifestiert: Mit dem Wort *„Schnalln"* ist natürlich in erster Linie die Gürtelschließe *(„Gärdlschnalln"*) gemeint, andererseits ist in Nürnberg dies auch die Bezeichnung für eine Dame des horizontalen Gewerbes. Wir sehen, der Dialekt macht auch vor den Niederungen der Menschlichkeit nicht halt.

Schnalln

WÖRTER MIT DOPPELDEUTUNG II

In Fortsetzung des letzten Kapitels wollen wir uns, liebe Leserinnen und Leser, noch mal um die fränkischen Mehrfachdeutungen ein und des selben Wortes annehmen. Teilweise weit auseinander liegen die Erklärungen der einzelnen Begriffe.

Sicher ist: Anlass zum Nachdenken gibt das manchmal, Anlass zum Schmunzeln aber immer, denn da wird oftmals die rhetorische Logik genüsslich auf den Kopf gestellt.

Hiedschn

Gleich zu Beginn geht es um den Begriff „*Hiedschn*". Der Franke meint damit eine dicke fette Kröte (es gibt ja auch das alte „*Liedla*": „*Laß di gniedschn, alde Hiedschn, schrei Hurraa…*"). Andererseits verstehen die „*Aldn*" unter „*Hiedschn*" einen Fußball, der kaum noch Luft in sich hat.

Interessant ist auch der Begriff „*Rumziepfm*". Wer „*rumziepft*", stochert so richtig lustlos und appetitlos in seinem Essen herum. Wer aber nicht richtig gesund, aber auch nicht richtig krank ist, auch der „*ziepft rum*". Zurückzuführen ist der Begriff

Ziepf

auf den „*Ziepf*", eine immer noch existierende Hühnerkrankheit.

Und jetzt eine Frage: Wie nennt man den Reststamm eines Blumenstockes, der kaum noch Äste, Zweige oder Blätter hat? Richtig, das ist ein „*Schdorrn*". Genauso sagt man aber auch zu einem einzig noch übrig gebliebenen Zahn im Mund. („*An aanzi'n Schdorrn hods nu in der Waffl – grood dass nu waß, wäi Zoohwäih gäihd.*")

Auch der Begriff „*Schaiferla*" hat die berühmte doppelte Bedeutung. Wenn kleine Kinder Richtung Sandkasten wandern, dann „*homs ihr Schaiferla*" dabei. Aber jetzt – und Sie wissen das alle – spricht der fundamental patriotische Franke aus mir: Ein „*Schaiferla*" ist das Endstück einer Schulter eines toten Schweines und wird auch als fränkisches Nationalgericht bezeichnet. Oder als Krustentier – wegen der schmackhaften Fettkruste.

Wir sehen, es ist immer wieder erstaunlich, mit welcher Flexibilität der Franke seinen Dialekt einsetzt.

Ganz interessant ist der Begriff „*mitnander*" (miteinander). Natürlich heißt „*midnander*" einerseits „zusammen" („*mir worn midnander im Diergardn*"). Andererseits ist aber auch der Begriff „auf einmal" gemeint („*midnander hods is reengner oogfanger*"). Die geneigten Leserinnen und Leser ahnen schon, dass es jetzt wissenschaftlich wird: Wenn der Nürnberger dann sagt: „*Midnander hods aff aamool is reengner oogfanger*", dann heißt das wörtlich übersetzt: „Auf einmal hat es auf einmal zu regnen begonnen …" – „*echd fränggisch – odder?*"

Auch das Wort „*fressn*" wird höchst unterschiedlich eingesetzt. Mit „fressn" meint der Franke die höchst unkultivierte Art der Nahrungsaufnahme. „Fressn" ist aber gleichzeitig Begriff für erhebliche Antipathie: „*Den hobberder vielleichd gfressn.*"

Höchst bemerkenswert ist der Begriff „*du gfällsd mer*" (du gefällst mir). Wenn der Franke Komplimente an ein Mädchen macht, ergeht er sich ja fast in eloquente rhetorische Rasereien („*äih Waggerla, du gfällsd mer*"). Fast unglaublich, dass derselbe Begriff gleichzeitig für völliges Unverständnis steht. Hier ein typisches Beispiel: Nachbar A: „*Ich hob mei neis Audo zammgfohrn*". Nachbar B: „*Du gfällsd mer vielleichd.*"

Auf tatsächlich mehrfachen Wunsch hier noch ein Beispiel als letztes dieser Reihe. Es geht um den Begriff „*Bubbl*" oder „*Ruudzbubbl*". In Nürnberg werden diese Worte abschätzig für einen ungehobelten jungen Mann verwendet („*Wos bild si der Ruudzbubbl denn iberhabbds ei?*"). Die hochdeutsche Fassung steht als Pendant folgendermaßen im Duden: „Popel – Komma – der – Komma – getrockneter Nasenschleim". Na gut. Haben wir das Thema dann auch behandelt.

Ruudzbubbl

AUSRUFE UND KOMMENTARE ALS SPIEGEL DER SEELE I

aweng

Immer wieder brennt mir ein mundartliches Thema auf der Tastatur, das man einfach „*aweng*" näher betrachten muss. Es geht um Ausrufe des Erstaunens, der Verwunderung, aber auch um alltägliche Kommentare zum alltäglichen Leben. Schier unerschöpflich ist hier der Franke beim Gebrauch von Betroffenheitsäußerungen. Ohne lang zu überlegen, rutschen sie ihm einfach so raus.

Wir können sogar selektieren und dabei unterscheiden zwischen einem angenehmen und einem unangenehmen Erstaunen, zwischen beiläufig routiniertem Überraschungs-Ausruf und fast schon verzweifelter Hilflosigkeit. Der Franke spielt da auf einer schier endlosen Tastatur der Rhetorik.

„*Allmeine, Allmächd, Allmächdicher, Allmächdichs Leebm, Ach Godderler naa, Ach du gouder Godd, Dou siggsd amol widder, Ja Menschendskinder, Herrgodd Marrgodd, Ja sooch amol, Ja Dunnerwedder*", diese Beispiele könnte man unter all diesen Kategorien einordnen. Aber auch „*Ouwäierla, Sabberlodd, Saggradie, Suwos, Also suwos, Also suwos naa, Uierlaa, Herrschafdsseidn, Lou nouch, Des gibbds doch ned, Dou leegsd di nieder, Dou leggsd mi am Orsch, Meine Güüde, Also dass suwos gibbd, Suwos mou mer gseeng hom, Edz häär fei aaf, Dou schau her, Des kommer gorned glaubm, Siggsders dou, Des wär ja nu schänner, Su a bläide Woar, Des baggi fei ned, Es is wäis is*" bestätigen die Vielfalt dieser Ausrufe.

Soocherer

Hier noch ein paar dieser „*Soocherer*", (Sprüche, Sprichwörter) die typisch für unsere fränkische Welt sind:

„*Wäi wärs'n, wennsd edzer aweng dei Goschn haldn däädsd, Walls wohr is, Blouß ned nouchloun, Denner mer hald suu weider, Wou gibds denn suwos, Also des geberds ba mir ned, Lauder su a Wor, Wos wohr is mou wohr bleim, Ich glaab ich schbinn, siggsders widder.*"

Natürlich wollen wir unseren Mehrbereichsbegriff „*Hobber-la*" nicht vergessen. Hat etwa ein lottospielender Franke einen Dreier, was ruft der aus? Natürlich „*Hobberla*". Ganz anders bei einem Sechser. Da würde er lauthals schreien: „*Almäääächd!*"

Hobberla

Nach den fränkischen Überraschungsausrufen oben kümmern wir uns jetzt um Redewendungen, teils aus alter Zeit, teils völlig neu, die aber alle typisch für die „*zudiefsd fränggische Kombfersadsion*" sind.

Viele dieser Zitate stammen von meinen Großeltern oder Eltern, aus der Verwandtschaft, der Nachbarschaft und natürlich immer wieder aktuell von den Stammtischen unserer Gegend.

Los geht's! Eine unsere Ergebenheitsformulierungen, ob positiv oder negativ belegt, lautet „*Suu genger di Gäng.*" So heißt auch das zweite meiner Bühnenprogramme. Ein in sich ruhender Standpunkt.

Wird's beim fränkischen Ehepaar manchmal recht spät, heißt es „*Hobb, gemmer ins Bedd, morng fräih is di Nachd rum.*"

Ein arroganter und eingebildeter Gesprächspartner wird im Nachhinein so charakterisiert: „*Eine Arroganz hod der, däi däd ich mir rausobberiern loun.*"

Redet ein Zeitgenosse überdurchschnittlich viel, gibt's zwei Möglichkeiten des Kommentars: „*Der kummd ja vom Herrgodd affm gräiner Salood*", oder „*Sooch amol, hod der an Gänsorsch gfressn?*"

Drückt sich jemand vor einer konkreten Stellungnahme, sagt man bei uns „*Iich sooch ned suu und ned suu, nou konn hinderher aa kanner soong, ich hädd suu odder suu gsachd.*" Philosophie pur!

*GÄIH WEIDER –
HOGG DI HER!*

Großkodz vo Glaareidh

Löst eine Person oder eine Situation Kopfschütteln aus, sagt man: *„Läiber Godd, laß Abnd wern, am besdn nu vurm Frühschdügg."* Oder: *„Der führd si auf wäi der Großkodz vo Glaareidh"* (Kleinreuth).

Wenn ich selbst mal kritisiert werde, gibt's meistens folgende Antwort: *„Wäi mers machd, is falsch, und wemmers falsch machd, is aa widder ned richdi."*

Hat jemand einen ordentlichen Rausch, bemerkt bestimmt irgendwer: *„Der is widder banander wäi a Bäggla Resi"* oder *„Der mou doch a Hornhaud aff der Leber hom."*

Wenn sich mein Opa über irgendetwas gewundert hat, gab's immer folgenden Ausruf: *„Allmächd Fräun Babbedd, homm sie a korz Hemmerd oh."*

Und wenn in Franken über den Überfluß diskutiert wird, sagt man: *„Des wär ja Wasser in die Bengerdz droong."* Noch ein wunderbares Beispiel: Ein Stammtischnachbar will ein Bier ausgeben. Bemerkung dazu: *„Also guud, bevuur i mi schloong lou".* Zur selben Frage eines spendierten Getränks antwortet mein Stammtischfreund, der Kessels Guido, immer: *„Ich hob mi ned naa soong hörn."*

Steigt dem Franken jemand auf den Fuß, so wird der mürrisch bemerken: *„Is neggsde mol schdeigsd am Blärrer um – gell."*

Einer geht noch. Kommt ein Gerücht auf, wird man den Kommentar hören: *„Ich hob scho wos leitn hörn, obber ned zammschloong."*

Ich denke, diese Reihe kann man noch lange fortsetzen. Und zwar gleich im nächsten Kapitel.

AUSRUFE UND KOMMENTARE ALS SPIEGEL DER SEELE II

„Dou maggsd wos mied, bisd Großvadder wärsd" – mit diesem zutiefst fränkischen Seufzer wollen wir die Reihe der typischen fränkischen Redensarten, Aussprüche und Bemerkungen fortsetzen.

Apropos Großvater: Mein Opa war ja Gastwirt, Metzger und Musiker in Personalunion. In Nürnberg, in der Wodanstraße hatte er lange Jahre die Gastwirtschaft „Lohengrin", eine gut gehende Speisegaststätte mit einem sehr honorigen Stammtisch. Jahrzehnte vor Beckenbauer gab er mir schon mit auf den Weg, wenn ich recht hektisch daherkam: *„Erschd demmer amol nix, nou mäimer amol schauer, und dann wermer scho seeng."* Bei latentem, aber erheblichem Ärger pflegte er zu sagen *„Soong doui nix, obber der Herrgodd härd scho mei Brummer."*

Überhaupt begibt sich der typische Franke als solcher genüsslich in überlieferte Redewendungen, wenns darum geht, bestimmte Situationen zu kommentieren. *„Der schaut widder wäi a gschdochns Kälbla"*, heißt es, wenn jemand recht langsam dreinschaut. Kälbla

„Dou moußd aafbassn wäi a Hefdlasmacher", bemerkt der Hefdlasmacher Franke, wenn Vorsicht geboten ist. Und macht jemand einen sehr ungesunden Eindruck, sagt er *„Der schaud ja aus wäi der Doud vo Forchheim."* In der Zeit der großen Pestepidemien war Forchheim wegen seiner vielen stehenden Gewässer von Pest-Erkrankungen besonders heimgesucht.

Wenn auf den ansonsten eher ruhigen und stoischen Franken zu viele Prioritäten gleichzeitig einstürzen, mault er *„Alle Schieß lang is wos andersch."* Und wenn er zu einer überraschenden Erkenntnis kommt, meint er *„Suu gud Nachd, edz wärds Dooch"*, manchmal ergänzenderweise *„Dou mou mer si ja di Schwindsuchd ooärchern."*
Neulich am Stammtisch: Dem einen fällt das Feuerzeug zu Boden, Kommentar des Tischnachbarn: *„Dou wärds besser – di*

Woar", oder „Gibbmers her, nou heebis aaf", oder eher drohend: „Mach ner suu weider."

Mein drittes Bühnenprogramm habe ich nach dem gut gemeinten Ratschlag benannt „Mach Dir keine Sorgen" – „Dou di ned ooh." Und die Sehnsucht nach schönem Wetter und der Graus vor der Kälte führt zu der Bemerkung „Läiber derschdiggd wäi derfruurn."

derschdiggd

Werden an den Franken stark überzogene Wünsche herangetragen, hat er eine ganze Reihe von ablehnenden Entgegnungen parat: „Edz braugsd blouß nu soong, wäisd haßd", „Dou bleibd dir die Goschn obber ganz schäi sauber", oder „Der maand wohl, der konn mid mir durchs Baa dou", aber auch „Iich mach doch ned den sein Bolandi" (von den polnischen Hilfskräften im 2. Weltkrieg). Verneinende Steigerungsstufe zu diesem Thema: „Iich mooch ned, und wennsd di affn Kubf schdellsd und mid di Baaner wagglsd." Und hier das ultmative Schlusswort: „Schdeichmer doch am Buggl naaf" – im Gegensatz zu den Preußen, die würden sagen „Rutsch mir doch den Buckel runter". Nach dem ultimativen Schlusswort wird manchmal noch eine ultimative Drohung hinterhergeschickt: „Edz fälld obber glei der Waadschnbaum um!"

Auch zum Thema „Unterhaltung" gibt es so manchen Gedanken: „Der redd viel, wenn der Dooch lang is", wird man einem fleißigen Plauderer nachsagen, oder „Derer ihr Schläbbern moußd amol eggsdra derschloong", heißt es bei einer Frau, die ununterbrochen redet. Der unaufmerksame Zuhörer aber wird mit folgenden Worten zur Ordnung gerufen: „Edz bass hald endli af, iich redmer doch ned di Goschn franzerd."

Goschn

Wenn etwas unumstößlich feststeht, rammt der Franke rhetorische Pflöcke ein: „Dou beißt di Maus kann Foodn ab." Wenn der Franke in die rhetorische Kiste greift, um seiner

Stimmungslage Ausdruck zu verleihen, dann halten die Ohren die Luft an. *„Wäis hald su is"*, sagt er dann.

Der unfreiwillige Zeuge bei Auseinandersetzungen wird bemerken: *„Schäi schbieln und ned schdreidn."* Und hier zwei Ausrufe des Erstaunens bzw. der fundamentalen Erkenntnis: *„Bfäidigodd Schächderler"* oder auch *„Dou hosd dein Dreeg im Schächderler."*

Ist man selbst recht beschäftigt und es ist kein Ende abzusehen, sagt man: *„Der, wou di Ärberd erfundn hod, mou nix zum Dou ghabd hom."*

Ärberd

Wir kommen jetzt zu einer Nürnberger Institution, dem *„Nachtgiger"*, also einem Menschen, der sich nächtens herumtreibt, wo auch immer, meistens in *„di Wärdshaiser"* und der auch viele fränkische Redewendungen ausgelöst hat. *„Der schleicht si widder rum zwischer dunggl und siggsd mi ned."* Im Wirtshaus *„hodder widder sein Hoggerdn"*. Wenn er den Heimweg antritt, kommentiert er selbst: *„Weid ham is ja ned, obber des zäiichd si"*, unterwegs meint er *„des dauerd ja eewich und drei Dooch."*

Muß er sich auf der Straße übergeben, bemerken die anderen Passanten *„Schau ner hiie, der mou Bröggerla lachn."* Nach vollendeter oraler Entleerung fährt er die Beobachter an: *„Gell, dou schauder mid eiere Aung"*. Und wenn er endlich zuhause im Bett liegt, denkt er: *„A Sünd und a Schand vo der aldn Hoffmänni."* Lauter *„fränggische Soocherer"*.

Auch bei Beerdigungen hat der Franke spezifische Kommentare auf Lager. Auf die Frage nach dem feierlichen Verlauf wird er antworten: *„Schäi wors, alle Leid homm griener"*, oder *„Wos nitzdn di schännsde Leich, wennsd selber in Doudn machn moußd."*

So, und was sagt ein Artikel schreibender Nürnberger, wenn er mit der Arbeit fertig ist: *„Widder wos gschehng und ned griener."*

AUSRUFE UND KOMMENTARE ALS SPIEGEL DER SEELE III

Alltägliche mundartliche Anwendungen wirken manchmal wie ein Seelenstriptease der Befindlichkeiten. Filigrane und weitverzweigte Themen werden hier immer wieder recht hintersinnig auf ein paar wenige, sehr treffende Schlagworte reduziert. Sie sind nicht nur Seismographen der jeweiligen Stimmungslage, sondern auch der jeweiligen Zeit.

Ohne Anspruch auf Vollständigkeit geht's hier weiter mit den „Soocherern".

„Der rennd rum wäi der Schies in der Reidern (vermutlich die Reiterhose)", sagt man einem aufgescheuchten Menschen nach. Manchmal heißt es aber auch *„Der rumbld rum wäi a wilde Bremer."*
Mit „Bremer" ist die stechende Bremse gemeint.

Zum Thema „Hektik" gibt's aber auch andere Beispiele: *„Mer konn heitzudooch gor ned schnell gnouch langsam dou."*
Die Steigerungsstufe wäre dann natürlich das bekannte *„Kummi heid ned, kummi morng."*

Grawidschgo

Und ging in der Hektik etwas schief, sagt man: *„Wos issn des wider fir Grawidschgo."*

Das Wort stammt aus dem slawischen Sprachraum und steht für „Durcheinander".

Eitle Menschen bewegen sich auch meist recht gestelzt. Hier die typische fränkische Bezeichnung dafür: *„Schau ner hie, der schdeichd rum wäi der Giger im Groos."*

Dazu der Kommentar aus der Nachbarschaft: Die bessere Hälfte (Frau) wird zu ihrer verbesserten Hälfte (Mann) sagen: *„Du läffsd mer obber suu ned rum. Dou gräichd mer ja is Aafgschau."*

Archaische Kindererziehung hieß früher „*Wäi mer sis zäichd, su hod mers.*"

Apropos Kinder: Früher war am Essenstisch Ruhe verordnet worden. Fingen die Kinder doch an, zu plappern, hieß es: „*Wenn der Vuugl frißd, nou bfeifder ned.*"

Gibt der eine Gesprächspartner eine vielleicht etwas komplizierte Erklärung ab und der andere versteht das nicht richtig und blickt ratlos drein, wird er zu hören bekommen: „*Schau ned a suu schboorsam.*"

Oder „*Gell, edz schausd wäi a Achala* (Eichhörnchen), *wenns blidzd.*"   *Achala*

Auch bei der Beschreibung von Menschen ist der Nürnberger erfinderisch:

Einem sehr schlanken Mann wird er nachsagen: „*Hindn isser moocher und vonner isser därr.*"

Hier das Urteil über einen unattraktiven Menschen: „*Schäi isser ned, obber seldn.*"

Ein Mensch, der über die Maßen an Gewicht verloren hat, über den heißt es: „*Den hodds ganz schäi zammzuung.*"

Und wenn derjenige dann auch noch einigermaßen gebückt daherkommt, dann hört man oft: „*Schau ner hie, wäi vurhaucherd der läffd.*"

Aber eigentlich ist das ja alles „*ghubfd wäi dubfd.*"

Oft hört man aber auch tiefgreifende Lebensweisheiten, die wohl niemals ihre Gültigkeit verlieren werden.

Ist irgendeine Änderung schiefgegangen und letztlich sehr fehlerhaft, heißt es: *„Gell, drei mol abgschniedn und immer nu zkoz."*

Auch zum Thema „Fleiß oder Faulheit" gibt's eine unumstößliche Weisheit, die da lautet: *„A fläicherde Grouer* (Krähe) *find mehr wäi a hoggerde."*

Szenenwechsel. *„Glubbschbiel":* vor einem klein gebauten Zuschauer steht ein Hüne von Mensch, der aber auch nicht einen Zentimeter zur Seite rückt. Fast schon todesmutig wird

Luladsch

der Kleine maulen: *„Hey, Luladsch, wor dei Vadder vielleichd a Glaser?"*

Wenn er Glück hat und der Riese ist recht gutmütig, wird sich der umdrehen und antworten: *„Duu bisd mer vielleichd a Marggn."*

Im anderen Fall, wenn die Aggression die Überhand bekommt, könnte es heißen:

„Nu an suern Schbruch, nou gibds Wafflbruch",
oder *„Nu aa Word – Granggndransbord",*
oder *„Nu suu a Agdsion – Indensivschdadzion",*
oder *„Nu su a Gelaaber – Brodeesninhaber."*

UHRZEITEN, TAGE, VERNEINUNGEN UND DAS AWENG

Lassen Sie uns, liebe Leserinnen und Leser, noch ein paar *„dübbisch fränggische"* Sprachregelungen betrachten. Zuerst geht es um Zeitangaben. Eigen ist der Franke ja schon bei den Uhrzeiten. Bestellt man einen *„Breißn"* um *„värdl achder"* irgendwohin, kann man ihn schier zur Verzweiflung bringen. Probiern' Sie's ruhig aus. Er wird entweder zu früh oder zu spät erscheinen. Genauso beispielsweise um *„dreivärdl sie-* *dreivärdl* *mer".* Im Extremfall wird ein nichtfränkischer Mensch in einem solchen Fall den Taschenrechner rausholen und versuchen, nachzurechnen. Das hochdeutsch korrekte „viertel vor sieben" oder „viertel nach acht" will uns halt gar nicht über die Lippen kommen. Im Gegenteil. Ein eingefleischter Franke würde uns bei solcherlei Formulierungen fragen, *„ob mir edz* *nu ganz gnusbrich sin…"*

Ganz interessant wird's aber bei folgendem Thema:

Normalerweise hat eine Woche ja sieben Tage. Peter Alexander hat ja schon gesungen „Siebenmal in der Woche möchte ich ausgehn." Nicht bei uns. In Franken hat die Woche acht Tage. (*„Heid in achd Dooch seeng mer uns widder."*). Ich weiß zwar auch nicht, warum zwei Wochen dann nicht 16 Tage sind, sondern korrekterweise 14 Tage *(„Heid in värzer Dooch…"),* aber so eigen der Franke ist, so flexibel ist er auch.

Bemerkenswert ist aber, dass sich dieser fränkische Sprachgebrauch offensichtlich im internationalen Liedgut manifestiert hat. John Lennon von den Beatles war angeblich in Nürnberg zu Besuch, hat zufällig zwei Franken bei der Verabschiedung zugehört (*„Alzo, heid in achd Dooch…"*). Das hat ihm so gefallen, dass er ins Flugzeug stieg, zurück nach Liverpool flog und postwendend den Hit schrieb „Eight days a week…".

Mein – mit einem Augenzwinkern versehener – Kommentar: *„Am humorichn fränggischn Wesn konn sugor di Hidbaraade geneesn – odder ned?"*

Wenn diese Geschichte auch sicher nicht wahr ist, gut er-
funden ist sie auf jeden Fall.

Lassen Sie uns zu den fränkischen Verneinungen kommen,
zu denen der Franke ein besonders ausgeprägtes Verhältnis hat.
Wann immer es geht – manchmal aber auch, wenn es nicht geht
– verneint der Franke. Kommt die Frau vom Einkaufen nach
Hause, bemerkt der Mann: *„Du bringsdmer immer nie wos
mied.“* Fränkische Verneinung in aller Deutlichkeit.

Der Franke verneint ja sogar, wenn er ins Wirtshaus geht.
Er fragt nicht, was es zu essen gibt, er verneint. Wörtlich zur

Schweinsbroodn Bedienung: *„Gell, Sie hom kann Schweinsbroodn mehr?“* Die
Bedienung sagt: *„Naa!“* Unser Franke geht heim *„Sturm vuller
Hunger“*, aber er ist froh, dass er Recht behalten hat.

Es gibt in Franken auch eine doppelte Verneinung: *„Ich hob
ka Geld ned.“* Sogar eine Dreifachverneinung kennt man: *„Ich
hob nu nie kann Kumbl ned im Stich gloun.“* Kapriolen schlägt
die fränkische Verneinung aber, wenn so ein eingefleischter
Franke, also *„braggdisch a Nämbercher Abboridschinell“*, von
einem Fremden nach einer Straße gefragt wird.

„Hörn sie mal, junger Mann, wo ist denn hier die Allersber-
ger Straße?“ Unser Nürnberger schaut erst mit hochgezogenen
Augenbrauen in die Luft, hypnotisiert dann seine Schuhspitzen,
lässt ein langgezogenes „Äääääh“ verlauten, und dann erklärt
er verneinenderweise: *„Dou gengers edz ned dou vur, sondern
dou.“* Er erklärt dem Fragenden immer erst, was er nicht soll.
*„Nou bäings ned an der erschdn Ambl ab, aa ned an der zweidn,
sondern an der driddn, und nou bäings aa ned lings ab, sondern
rechds.“* Leicht zu erklären ist so etwas schon, aber schwer zu
verstehen.
Auch die Aufzählungen werden vom Nürnberger sehr speziell behandelt. *„Erschd“*, also „erst“, heißt hierzulande gleich-

zeitig „zuerst" und „zuletzt". Hier ein Beispiel. Der Fritz und der Schorsch sitzen bei dem ihnen befreundeten Friseur Karl im Salon. Nachdem beide gleichzeitig angekommen sind, entscheidet der Karl: *„Erschd kummd der Schorsch dro und nou erschd der Fritzla."*   *Erschd*

Universal eingesetzt wird der Begriff *„aweng"*, also ein „wenig." Er wird als Füllwort verwendet, und man relativiert seine Aussagen damit sehr flexibel. Erzählt der Nürnberger von seinem Christkindlesmarktbesuch, wird er der vielen Menschen wegen sagen: *„Dou wors aweng arch eng."* Und wenn unser Franke eine drohende Gebärde einnimmt, unterstreicht er sein Gehabe seinem Kontrahenten gegenüber mit den Worten: *„Schau fei nu aweng."* Wenn sich zwei Nachbarn am Wahltag nach der Stimmabgabe beim Spazierengehen treffen, wird der eine den anderen fragen: *„No, wor mer aweng af wähln?"* Und erzählt unser Stammtischler seinen Kollegen von einer wirklich nur kleinen Verletzung, dann bemerkt er: *„Des hodd aweng arch wäih dou."* Natürlich darf der älteste Kalauer nicht fehlen. Läuft das Mädchen aus der Nachbarschaft mit einem kleinen Bauchansatz vorbei, wird der Nachbar kommentieren: *„Scha hie, des is doch di Dochder vo der Elsbedd, di Schandall, däi is scho widder aweng schwanger."* Nur in Franken kann man *„aweng"* schwanger sein.

Richtig interessant wird es aber, wenn sich der Franke weltmännisch in den gehobenen Sprachgebrauch begibt und mit globalisierter Ausdrucksweise daherkommt. Dann ersetzt er das *„aweng"* durch ein Fremdwort.
„Des hodd reladiv arch wäih dou."

„FRÄNGGISCH" PRÄLABIAL UND DIE VERNIEDLICHUNGEN

Zunächst wollen wir die Sache mit der Schreibweise des Wortes „fränkisch" klären. Immer wieder streiten sich die Gelehrten, ob „frängisch" mit einem „g" oder „fränggisch" mit zwei „g" richtig ist. Natürlich sind die zwei „g" richtig. Einfach zu erklären ist das an dem Beispiel „Getränke". Fränkisch schreibt man „Gedrängge" mit zwei „g", denn mit nur einem „g" geschrieben, würde es ja „Gedränge" heißen. Ist doch logisch – „odder ned?"

Noch ein Beispiel gefällig? Wenn ein Schiff sinkt, wird dieser Umstand in Franken sowohl anders gesprochen als auch anders geschrieben als im Hochdeutschen. „Des Schiff doud singgn", nicht „singn". Prinzip verstanden? „Gor ned schwer fir an Franggn", oder auch „eimbfach subber".

So, jetzt geht es um das mittlerweile weltberühmte fränkisch-prälabiale „L". Beim norddeutschen „L" wird die Zungenspitze ja hinter die Schneidezähne gelegt beziehungsweise an den Gaumen gedrückt. Ganz anders in Nürnberg. Prälabial kommt aus dem Lateinischen. „Prä" heißt „vor" und „labial" wird in diesem speziellen Fall mit „lipplich" übersetzt, zusammen also „vorlipplich". Hier wird die Zunge ganz locker nach vorne fallen gelassen, die Zungenspitze zwischen die Schneidezähne genommen und dann ein deutlich „fränggisches „L" vor den Lippen gesprochen.

Wunderbar zu demonstrieren ist das exemplarisch bei dem Namen Wilhelm. Ein kleiner Teller ist ein „Dellerler". Auch bei den Berufsbezeichnungen gibt es besondere Beispiele. Der *Fillialleider* Filialleiter klingt hier typisch: „Fillialleider". Gibt für den Gesprächspartner übrigens auch optisch „aweng wos" her.

Und auch in der internationalen Gastronomie wird das prälabiale „L" verwendet. Wenn nämlich ein Italiener seine Pizzeria schon lange in Nürnberg betreibt – was serviert er zum Essen? Na klar, einen „Wallbollidschella".

Für nicht ganz ernsthafte Dialekt-Forscher hier noch die Erklärung, warum unser prälabiales „L" unter anderem auch „Waffl-L" genannt wird:

Ein paar Damen der feinen Gesellschaft sitzen zusammen bei Kaffee und Kuchen. Später gibt es noch Eiswaffeln. EISWAFFELN! Nach kurzer Zeit sagt die eine zur anderen: „Fra Kommerzienraad, ihr Waffl drobfd." Wobei die sich mit dem Handrücken über den Mund wischt und fragt: „Edz immer nu?"

Diese Szene mag sich der geneigte Leser bitte bildlich vorstellen.

Und hier noch für alle Nichtfranken zwei Übungssätze, die geeignet sind, unseren Dialekt zu perfektionieren:

„Lollo, lou di Rolloo ro." (Lolita, lass die Jalousien herunter).

Aber hier kommt für den aufgeschlossenen Leser das ultimative Highlight:

„Am Kullnhuuf draus homms Hulzkulln gschdulln." *Hulzkulln*
(Am Kohlenhof draußen haben sie Holzkohlen gestohlen).

Viel Spaß beim Üben.

Dieses prägnante prälabiale „L" spielt auch bei unserem nächsten Thema eine Rolle. Der Franke hat ja einen ausgeprägten Hang zur Verniedlichung. Hier wird an das Substantiv meist ein „la" oder ein „ler" oder ein „lä" angehängt. Beispiel: Das Abschiedswort „Ade". Interessant ist bei diesem Thema, *Ade* dass der Franke, vorwiegend aber der Nürnberger, die Verniedlichung verwendet, um krasse Übertreibungen abzumildern. Eigentlich ein Widerspruch in sich, „obber su simmer hald amol".

Also, los geht's. Wir wissen, dass eine Stunde exakt 60 Minuten hat. Erstaunlich ist folgendes: Wenn der Franke etwa „a Stündla" ins „Bräustübla" geht, dann werden daraus meist mehr als 60 Minuten. Meist sogar erheblich mehr. Und was trinkt er da? „A Määßla Bier." Eine Maß ist ja immerhin ein

ganzer Liter, aber wenn es dann vielleicht sogar zwei Liter werden, dann klingen *„zwaa Mäßler"* halt viel harmloser, so auch die adäquaten vier *„Seidler"*. Im Übrigen stammt der Begriff „Seidlein" aus dem Lateinischen (Situla – der Eimer). Noch harmloser klingt es aber dann, wenn wir *„aweng a Määßla"* trinken.

Und so stellen wir fest, dass der Nürnberger vor allem bei den trinkmengenbezogenen Flüssigkeitsangaben vorsätzlich und erfolgreich, aber eben auch sehr hinterlistig alles verniedlicht und abmildert. Auch beim *„Häferla"*, beim *„Schdamberla"*, und vor allem beim *„Schnäbsla"* macht sich das auf eine raffinierte rhetorische Weise bemerkbar.

Schdamberla

Genauso geht's beim Essen. Wir haben einen riesigen Batzen Fleisch mit einer wunderbaren *„Grusdn"* (Kruste) drüber und einem respektablen Trapez-Knochen darunter auf unserem Teller. Unsere Bemerkung aber wird lauten: *„Achgodderler naa, schau ner des ardliche Schaiferla ooh"*. Dazu gehören natürlich *„a Gniedla, a Söößla und aweng a Saläädla."*

Kapriolen schlägt die fränkische Verniedlichung aber bei den zutiefst menschlichen Themen. Wenn unser vom Wuchs her überschlanker Nürnberger eine zentnerschwere und schon sehr rundliche Frau an seiner Seite hat, wie nennt er die? *„Waggerla!" „Dübbisch fränggisch hald."*

HIER GIBT ES VIEL ZU SAGEN

„Mer sachd ja nix, mer redd ja blouß." Ist Ihnen dieser Spruch bekannt? Wenn unser typischer Vorzeige-Nürnberger zu einem bestimmten Thema einerseits *„ned di Waffl haldn koo"*, sich andererseits aber nur sehr unverbindlich äußern will, dann greift er zu rhetorischen Kunstkniffen. Er *„sachd hald aweng wos"*. Und mit diesem Thema wollen wir uns hier etwas näher beschäftigen.

Der doch als ziemlich maulfaul geltende Franke, insbesondere der Nürnberger, ist ja ein bekennender Freund der Kommunikationsverschlankung. Aber er kann manchmal auch anders. Dann fängt er an zu reden, zu plaudern, zu *„raadschn"*, sich zu unterhalten und dann sagt er was, dann fängt er an, *„wos zum soong"*. Je nach Laune mehr oder weniger.

Schon die mundartliche Beugung des Verbs ist interessant: *„Ich sooch, du saggsd, er – sie – es sachd, mir soong, ihr sachd, däi soong."* Und dann die Vergangenheitsform: *„Ich hob gsachd, du hosd gsachd …"* und so weiter.

gsachd

Wenn der eine Stammtischkumpel infolge eines ungewöhnlichen Redeschwalls dem anderen fast ein Ohr abkaut, wird er seine Rede wahrscheinlich mit folgender Bemerkung beenden: *„Es is ja blouß, dassd mer amol wos drieber gsachd hod."*

Hat der Gesprächspartner eine etwas undeutliche oder infolge ein paar Seidlein eine recht unverständliche Aussprache, wird man, wenn man viel Zeit hat, fragen: *„Wos hosd gsachd?"* Normalerweise verkürzt man die Nachfrage aber auf das ortsübliche „Hä?" Fachleute nennen so etwas übrigens „Verbal-Verknappung".

Hier eine Original-Kostprobe vom Katzwanger Stammtisch. Ein im fortgeschrittenen Durst-Stadium parlierender Gast wurde immer offener und ehrlicher mit den Worten: *„Edz willerder*

wos soong. Ich soogs wäis is und ich sooch, wäier mers denk."
Aha! Lektion verstanden!

Als mein persönliches absolutes Highlight gilt aber folgende verbriefte Formulierung, die ich so wörtlich während einer heftigen Diskussion in einem Kraftshofer Wirtshaus mitnotiert habe: *„Des hobbi edz amol gsachd, und mehr soochi ned. Und suviel werd mer wohl nu soong derfm. Wissd ihr, wossi eich sooch? Ich sooch gor nix mehr – und des is gsachd gnouch!"*

Respekt, Bewunderung und Kotau vor soviel sprachlicher Glanzleistung. Hab ich mir gedacht. Aber: Wochen später hab ich den Wortlaut fast identisch bei Herbert Maas, dem fränkischen Mundartpapst, entdeckt. Offensichtlich hat sich der Kraftshofer beim Nürnberger Sprachforscher gründlich gebildet. *„Rrreschbeggd!"*

Es gibt umgangssprachlich aber noch viel mehr *„zum soong"*. Meint man „raus mit der Sprache", sagt man bei uns: *„edzer soogs hald endlich"*. Muss man auf eine Antwort recht lange warten, heißt es in unseren Breitengraden: *„Soogs endlich odder scheiß Buchschdoom."*

Buchschdoom

Will man dem Gegenüber bedeuten, man habe verstanden, sagt man: *„Dou braugsd edz gornix weider soong."* Fehlen einem die Worte, heißt es oft: *„Wos will mer edz dou nu soong?"* Hat man einem Zeitgenossen anständig die Meinung gegeigt, wird man konstatieren: *„Dem hobbis aber gscheid gsachd – odder ned?"*

Eher diplomatisch angehauchte Nürnberger werden denken oder sagen: *„Mer mou ned alles soong, wos mer si dengd."* Wenn man sich aber in endlose Schachtelsätze verrennt und alleine kaum mehr zu einer korrekten Satzstellung zurückfindet, hört man dann vom Gegenüber: *„Soogs hald aff zwaamol, wenns ders aff aamol ned rausbringsd."*

Wenn ein Gespräch mit der Aura des absolut Vertraulichen versehen werden soll, obwohl es vielleicht wirklich nur um Banalitäten geht, heißt es: *„Also – gell – ich will aber fei nix gsachd hom."*

Nicht rhetorisch, sondern eher anatomisch gesehen, gibt es ja Menschen mit einem kleinen oder aber auch mit einem sehr, sehr großen breiten Mund. Selbstgehörter Kommentar eines Stammgastes in der Kneipe, einen anderen Gast betreffend, der wirklich mit einem sehr breiten Mund ausgestattet war: *„Allmächd, scha hie, der konn si selber wos ins Ohr soong."* Ergänzende Bemerkung des Tischnachbarn: *„Und in Schbargl konner derquer neischäim."*

Schbargl

Im Gegensatz dazu gibt es viele Beispiele von Unverbindlichkeiten, die das Sagen, also *„des Soong"*, betreffen: *„Ich soogs ja – wosd ned sagsd – wollmer amol suu soong – wos willsd edz dou nu soong – des aane soocherder – wos sachd mer edz dou derzou – und des lou der gsachd sei"* – und viele mehr.

Und hier zum Schluss noch ein paar Beispiele dafür, wie locker der Franke und besonders unser Nürnberger mit der *„Soocherei"* umgeht:
Nach einem geistlosen oder bedeutungslosen Wortbeitrag: *„Des sachd si suu leichd"*, oder *„des hodd nix zum Soong"*.
Hat man eine unsichere Meinung: *„Des is nunni gsachd."*

Dumme Bemerkungen von dummen Menschen werden oft mit der Antwort versehen: *„Nerja, mer waß ja, wers sachd, worscheinds hodder derhamm nix zum Soong."*

Derlei, in fränkische Worte gekleidete Gedanken haben immer etwas Melodramatisches. Damit sind wir bei der alles umfassenden Frage an die geneigten Leserinnen und Leser: *„So, wos soong Sie edz dou derzou?"*

FRANZÖSISCH ODER „FRÄNGGISCH"?

Sprachgeschichtliche Entwicklungen, liebe Leserinnen und Leser, sind es immer wieder wert, untersucht zu werden. Ich habe mir die Mühe gemacht, nach dem Ursprung vieler französischer Begriffe zu forschen, die in unseren Sprachgebrauch Einzug gehalten haben und die längst alltäglich geworden sind. Man verwendet sie oft, denkt aber gar nicht mehr darüber nach, woher denn diese Begriffe stammen.

Ende des 18. Jahrhunderts wurde – das ist ja bekannt – unsere Gegend vom französischen Revolutionsheer besetzt. Aus dieser Zeit stammen aus dem Französischen übernommene Wörter, die mittlerweile schon längst als „eingefränkelt" gelten.

Abbodd

Los geht's mit dem Begriff „*Doileddn*". Natürlich sind die „Toiletten" gemeint, also umgangssprachlich unser „*Gloo*", unser Abort, auf fränggisch natürlich „*Abbodd*" (das harte T verkneift sich ja der Franke, wie wir wissen).

Zu diesem Thema passend gilt auch der „*Bodschamber*" als übersetzungswürdig. Gemeint ist unser Nachttopf oder auch Nachtgeschirr. Französisch korrekt heißt das „Pot de chambre", also der Topf des Zimmers. Vielleicht können sich manche an die Zeit erinnern, als die „*Doileddn*" oder das „*Gloo*" noch außerhalb der Wohnung oder gar außerhalb des Hauses eingerichtet war.

Hier ein Begriff, den sicher manche unter Ihnen noch heute verwenden: „*Mach kanne Fisemadendn.*" Was heißt das wörtlich? Die französischen Besatzungssoldaten schlugen ihre Zelte ja vor den Toren der Stadt auf, weil innerhalb der Stadtmauern zu wenig Platz war. Abends besuchten die Jungs aber dann doch die Kneipen und waren von unseren „*fränggischn Madla*" recht begeistert und luden sie ein mit den Worten „Visité ma tent", wörtlich: „Besuche mein Zelt". Heute ist mit „*Fisematenten*" gemeint: „*Mach kanne Umständ, zier di ned asuu.*"

Wenn der Franke vom „*Droddoaar*" spricht, also vom „Trottoir", meint er den Bürgersteig, bei uns meist als Gehsteig bezeichnet (*„Im Urlaub woors suu langweilich, dou homms ummer zehner scho di Gehschdeich houchglappd"*). Interessant ist aus dem Französischen auch die Geldbörse, der Geldbeutel, also das „Portemonaie". Sowohl geschrieben als auch gesprochen sieht es und hört es sich auf *„fränggisch"* aber viel angenehmer an: „*Bodmonee*".

Droddoaar

Mit dem Namen „*Bagaasch*", also „Bagage" ist bei uns die „Bande" gemeint. Die Bezeichnungen „Canapee" und „Chaiselonque", bei uns „*Kannabee*" und „*Schäßlong*", stehen für das Sofa, später unter amerikanischen Einflüssen dann aber auch „Couch" genannt. (*„Wenns morngg gscheid reengd, mach mer a weng Exdreem-Kaudsching."*)

Bagaasch

Zurück zum Französischen. Gibt es bei uns einen Scherbenhaufen, sagt man „*Dou hommer di Budscheer*." Mit „*Barrablüü*" (Parabluie) ist der Regenschirm, und mit „*Barrasoll*" (Parasole) der Sonnenschirm gemeint. Und hier noch ein Begriff, der vielen Menschen noch geläufig ist: „*Blümmerand*" (*„Allmächd, mir werds af aamol su blümmerand"*). Wörtlich übersetzt heißt es eigentlich „blassblau" (bleu morant). Sprachgebräuchlich meint der Franke damit aber das „Unwohlsein" oder „schwindelig werden".

Es gibt aber noch mehr Begriffe, die aus dem Französischen stammen und längst „eingefränkelt" sind. Die Jalousie, fränkisch phonetisch „*Schallosii*" genannt, stehen für unseren „*Rolloo*". Und wir wollen doch bitteschön nicht den Übungssatz für unser fränkisch-prälabiales „L" vergessen: „*Lollo, lou di Rolloo roo.*"

Genauso bekannt sein dürfte der Begriff „vis-à-vis", bei uns „*wissawie*" gesprochen. Und der meint natürlich das „Gegenüber". Auch das fränkische „*ade*" oder oft verniedlicht als

„*adeela*" ausgesprochen, hat im französischen „Adieu" seine Wurzeln.

Das trifft auch zu für die Begriffe „Malheur", bei uns das „*Mallöör*" oder das Missgeschick, ebenso für den „Muckefuck", gesprochen „*Muggefugg*", zurückzuführen auf „Mocca fou", also den falschen Kaffee. Und mit „retour" („*reduur*") ist bei uns „zurück" gemeint, mit „Monteur" („*Mondöör*") der Handwerker, mit „Gendarm" („*Schandarm*") der Polizist, mit „Visage" („*Wisaasch*") das Gesicht und mit „echauffieren" („*eschoffiern*") die Empörung.

Zum Schluss noch eine wichtige Frage: Wie übersetzt man bei uns in „*Nämberch*" den französischen Begriff „Accessoires"?

Graffl Richtig – bei uns heißt das „*Graffl*".
„*Logisch – odder ned?*"

DER BEGRIFF „*ALD*"

Und jetzt wollen wir uns mit dem Begriff „*ald*" beschäftigen. Ein Wort, das bei uns im grammatikalischen Sinn nicht immer ganz korrekt, dafür aber sehr vielseitig und flexibel verwendet wird.

Mit „*ald*" meint man nicht immer „alt an Lebensjahren", sondern oft auch „langjährig". So sagt man beispielsweise „*Mei alder Freind*", auch wenn der noch jung sein sollte. Aber auch als Verstärkung wird das Wort verwendet: „*alder Debb, alder Doldi*".

Alder Debb

Auch im positiven Sinn wird „*ald*" eingesetzt: „*alde Hüttn, alder Baazi, alder Schlack, alder Schlamber*". Und das klingt dann fast schon liebevoll.

Natürlich finden wir den Begriff auch in vielen Redewendungen:
- Das weiß doch jeder: „*Des is doch a alde Haggn.*"
- Da ist etwas schiefgegangen: „*Dou schaust ganz schäi ald aus.*"
- Bei der Partnerwahl: „*Ba di Aldn is mer goud ghaldn.*"
- Bei verrückten Einfällen: „*Der hod Ideen wäi a alds Haus.*"
- Im hohen Alter: „*Aff meine aldn Dooch …*"
- Oder bei einer herzlichen Begrüßung: „*Servus, du alde Woschdhaud.*"

Woschdhaud

- Will der Stammtischler mal eher nach Hause: „*Heid werri ned ald.*"
- Wird Bekanntes bis zum Überdruss wiederholt: „*Immer der alde Kees.*"

Nicht vergessen wollen wir natürlich beim Schafkopf die Eichel-Ass: „*Hobb, dou di Ald raus.*"

Und bitte immer dran denken: Beim Verwenden von „*goud*" anstelle von „*ald*" findet ein sofortiges Umschlagen vom ge-

zielten Schimpfwort ins Kosewort oder sogar ins Kompliment statt:

goude Sau

„*Su a alde Sau – su a goude Sau*" oder „*Su a alde Henner – des is obber a goude Henner.*"

Noch ein Wort an die Jugend:
Immer wieder hört man Jugendliche, die vom Vater als „*mei Alder*" sprechen. Hört sich doch etwas despektierlich an – oder? Klingt da „*Mei alder Herr*" nicht viel schöner?

Zum Schluss greift aber die Erkenntnis, dass nicht immer „*Alder vuur Schöönheid*" gilt. Und damit ist hoffentlich auch der Pädagogik Genüge getan.

NICHT „TUN" SONDERN *„DOU"*

Bei aller humoristischen Betrachtungsweise mundartlicher Eigenheiten ist es dazwischen auch mal interessant, sich ernsthaft mit fränkischen grammatikalischen Feinheiten zu beschäftigen. Hier soll es um das Verb „tun" gehen, also um den Begriff *„dou"*.

Der Franke macht nicht, der tut: *„Dou mer an scheener Gruuß ausrichdn"*, nicht „grüß mir schön" – wie die Preußen in ihrer nüchternen Knappheit formulieren würden. Auch der hochdeutsche Satz „Hilfst du mir beim Abwasch?" klingt fränkisch viel wärmer: *„Doust mer helf abschbüüln?"* oder im fragend-verneinenden Konjunktiv (mein Gott, klingt das komisch) dann tieffränkisch: *„Däädsd mer ned aweng helf abschbüüln?"*

Wir sehen, das im *„Fränggischn"* sehr häufig verwendete Zeitwort „tun" gibt Grund für vielerlei Betrachtungsweisen, vor allem auch dann, wenn man die Konjugation des Verbs, also die Beugung des Zeitwortes, ansetzt:
„Ich dou – du doust – er doud – sie doud – es doud – mir denner – ihr ded – däi denner."

Einige Alternativen gibt's natürlich. Beispiel gefällig? Die Frage „badet ihr heute?" kann lauten *„Dedder heid boodn?"*, aber auch *„Dennd ihr heid boodn?"* Zugegeben – selbst für Franken nicht ganz einfach und wohl nicht in grammatikalisches Regelwerk zu fassen. Aber die ultimative Frage an die *„Breißn"* lautet dann logischerweise: *„Denner sie glaabm, dass des asuu eimbfach zum Begreifm is?"*

Begreifm

Soviel zum Grundsätzlichen. Aber jetzt wollen wir etliche Anwendungsbeispiele beleuchten. Schon mal eine kleine Kostprobe gefällig?
„Wennsd di middn Fränggischn aweng mehr beschäfdichn däädsd, dennersd di bam Lesn aweng leichder – gell."
Zwei verschiedene Konjuktiv-Formen in ein und demselben Satz – *„fränggisch orginell hald"*.

Für interessierte Dialekt-Einsteiger gleich noch ein wunderbares Beispiel:

Ziert sich jemand ein bisschen, heißt es hochdeutsch „tu doch nicht so". Bei uns heißt das *„dou ned suu"*. So weit – so klar? OK! Ein partnerschaftlich-fränkischer Dialog zwischen einem frischverliebten Nürnberger und seiner noch etwas zurückhaltenden Auserwählten könnte dann so klingen:

Er: *„Dou ned suu."*

Sie: *„Ich dou doch gor ned suu."*

Er: *„Fraili dousd asuu."*

Sie: *„Wäi kummsd eds du draff, dass ich su dennerd?"*

Er: *„Wallsd immer suu dousd."*

Ausgang der Debatte ist offen – natürlich. Die logische Frage lautet aber:

„Wer vo denne zwaa doud edz eigendlich wärgli suu?"

Zu dem Thema „tun" hier noch ein paar ausgewählte Beispiele:

Schouh
- *„Ba denne mou mer di Schouh roo dou."*
  („Bei denen muss man die Schuhe ausziehen.")
- *„Demmer nu wos odder denner mer aafhäärn?"*
  („Tun wir noch etwas oder hören wir auf?")
- *„Däi denner – wos mööng."* („Die tun, was sie wollen.")
- *„Däi denner ka Goud middernander."*
  („Die vertragen sich nicht.")
- *„Der hodd sein ledzdn Schnaufer dou."* („Er ist verstorben.")
- *„Mir hom zum dou ghabd, dassmer des hiebrachd hom."*
  („Wir haben uns anstrengen müssen.")
- *„Under fümbf Halbe douders ned."*
  („Er trinkt mindestens fünf Bier.")
- *„Däi Jaggn douds scho nu aweng."*
  („Das Jackett kann noch angezogen werden.")

Ohne Anspruch auf Vollständigkeit, aber trotzdem vor-, mit- und nachdenkenswert – *„odder ned"*?

FRÄNKISCHE BERÜHMTHEITEN: „*FEI*" UND „*BASSD SCHO*"

Die Wissenschaft von der Herkunft der Wörter heißt „Etymologie". Manchmal muss man diesen Zweig der Germanistik bemühen, will man manchen Vokabeln auf den Grund gehen. Beim Füll- und Flickwort „*fei*" ist aber selbst dies nicht einfach.

fei

Menschen, die sich des Themas ernsthaft genähert haben, wie Dr. Herbert Maas, Günter Stössel oder Ulrich Rach, kommen aber zu sehr ähnlichen Ergebnissen.

Das lateinische „finis" oder das französische „fin" sollen die Wurzeln gewesen sein.

Letztlich soll aber das mittelhochdeutsche Adjektiv „fein" als Bezug gelten.

Beispiel gefällig? Hier bitte:

„Dass du mir bei Tisch fein stille bist".

Fränkische heutige Übersetzung: „*Dassd mer bam Essn fei blouß dei Goschn häldsd.*"

Das „n" am Wortende wird einfach weggelassen wie in anderen Fällen auch:

Mein Teller („*mei Deller*"), dein Glas („*dei Gloos*"), sein Salat („*dem sei Salood*") und so fort.

In den meisten Fällen lässt sich „*fei*" übersetzen mit „wirklich" oder mit „aber".

- „*Des is fei schäi.*" („Das ist wirklich schön.")
- „*Dassd mer fei büngdlich bisd.*"
  („Dass du mir aber pünktlich bist.")

Der Standard-Ausspruch des Herbert Hisel war immer „*fei wärgli*". Langjährige dialektinteressierte Leserinnen und Leser werden sich noch an das Urgestein des Nürnberger Bühnenhumors erinnern. Ohne Anspruch auf Vollständigkeit ist „*fei*" darüber hinaus geeignet als Steigerung einer Aussage:

- „Der is fei ganz schäi frech!"
- „Des is fei allererhand!"

Einschränkung einer Erklärung:
- „Des waß ich edz fei aa ned."
- „Des konnerder fei ned verschbrechn."

Verdeutlichung einer Drohung:
- „Baß fei blouß aaf!"
- „Edz bisd obber fei bald fällich!"

Verstärkung einer Bitte:
- „Sei fei büngdlich widder derhamm."
- „Dou di fei anschdändich aufführn."

Hinweis auf Enttäuschung:
- „Des häddi fei ned dengd vo dir."

gscheid
- „Des hoddmi fei gscheid g'ärcherd."

Nicht einzig allein nur in Franken, aber hauptsächlich hier gibt es einen Begriff, den man als „Universal-Zustimmung in allen Lebensbereichen" bezeichnen kann:

„Bassd scho."

Damit werden Fragen beantwortet, Unklarheiten beseitigt, Zustimmung signalisiert und auf zutiefst fränkische Art weitverzweigte und filigrane Themen auf zwei kleine Worte reduziert: „Bassd scho."

Die meisten Protagonisten auf mundartlich-fränkischen Bühnen, mich eingeschlossen, bedienen sich seit langen Jahren eines uralten Beispiels:

Krankenhaus. Zweibettzimmer. Einer der beiden Patienten ist ein Nürnberger, der andere „a Breiß" (ein Preuße).

Beide bekommen Besuch. Der preußische Patient wird gefragt, wie's geht. Kaskadenförmig sprudelt es aus ihm heraus:

„Also eigentlich geht es einigermaßen, die Schmerzen lassen etwas nach. Das Essen ist halt nicht so gut und die frühen Weckzeiten sind lästig. Das Personal hier ist zwar ziemlich nett, aber eine der Schwestern gibt sich schon sehr unfreundlich. Wobei der Chefarzt zwar nett, aber kaum zu sehen ist. Und erst die Luft hier drinnen … und so weiter und so weiter.

Dann erscheint die Frau des Franken. Mit fragendem Gesichtsausdruck richtet sie nur ein einziges Wort an ihren angetrauten Patienten: *„Und?"*
Darauf der Nürnberger: *„Bassd scho."*   *Bassd scho*
Damit ist alles gesagt.

Hier noch ein zweites Beispiel:
Weinprobe. Nach erfolgter Verköstigung werden die Teilnehmer um ein Urteil gebeten. Unser preußischer Vorzeige-Angeber bedient sich der vielen Klischees der Wein-Degustation, holt tief Luft und erklärt dann:

„Also – dieser Tropfen wird sich höchster Wertschätzung erfreuen, denn der kraftvolle Geschmack flirtet in friedlicher Co-Existenz mit italienischer Grandezza, der schlanke leichte Körper verwöhnt leicht prickelnd den Gaumen. Im Antrunk erleben wir einen angenehmen Duft blumiger Aromen, wir bewundern hier eine perfekte Balance zwischen später Süße und milder Herbe, und der makellose subtile Charakter dieses Weines beschert uns im Abgang einen die Sinne betörenden Nachklang – bla bla bla …"

Und was dagegen sagt unser Vorzeige-Franke zu dem Wein?
„Bassd scho."

Alles gesagt. Mehr braucht es nicht.

GÄIH WEIDER –
HOGG DI HER!

DIE „*BRÄIH*" – DIE „BRÜHE"

Wir wollen uns jetzt mit einem Begriff beschäftigen, der in Nürnberg wirklich vielfältige Bedeutung erfährt: „Die Brühe", bei uns „*Bräih*" genannt.

Unsere fränkische Lebensader, die Pegnitz, „*Bengertz*" genannt, kommt nicht gerade mit glasklarem Wasser daher und wird deshalb als „*Bengertzbräih*" bezeichnet.

Bräih

Außerdem: Überall auf der Welt wird über zu dünnen Kaffee geschimpft. Bei uns klingt das so: „*Wos issn des widder fir a durchsichdiche Bräih?*"

Ganz früher, in schlechten Nachkriegszeiten, als es Kosmetika noch nicht in der heutigen Vielfalt gab, hat man das Fußbad in der mit Kernseife angesetzten „*Saafmbräih*", also der Seifenbrühe, zelebriert.

Manchmal kriegt man im „*Wärdshaus*" warmes Bier serviert. Nach kurzer Zeit fällt der Schaum zusammen, und das Bier „*glotzd*". Kommentar des eingefleischten fachkundigen Stammtischlers: „*Däi warme Bräih konn doch kunner saufm.*"

Darüber hinaus: Die hierzulande so beliebte „*Fleischbräih*" isst man gerne mit „*Ommerleddn*" (Pfannkuchenstreifen*), Nuudln odder Schwemmgniedla*" (Grießklöße). Fränkische Erkenntnis: „*Drei Bfund Rinfleisch geem a goude Subbm.*"

Zum Schluß noch ein Begriff aus der Zeit, als Sickergruben Standard waren:

Im Vertrauen auf die physikalischen Gesetze der Schwerkraft wurden die menschlichen Exkremente mittels eines Rohrsystems der Odelgrube zugeleitet. Die „*Oodlgruum-Raamer*" beschwerten sich über die „*dinne Bräih*", die in regelmäßigen Zeitabständen abzuschöpfen war.

Kommentar des Hausherren: *„Wecher eich kemmer kanne diggern Broggn sch…"* Nettes Statement – oder?

Broggn

Anzumerken wäre noch, dass der Nürnberger, wenn es in seiner direkten Umgebung nicht gerade angenehm riecht, diese olfaktorische Erscheinungsform als *„Odlkolong"* bezeichnet, humorvoll abgeleitet vom „Eau de Cologne".

Mit der Einsicht, dass die *„Bräih manchmol deierer kummt wäi der Fiisch"*, wollen wir dieses Thema aber gut sein lassen.

DER MENSCH, DER KOPF UND DIE AUGEN

In diesem und in den nächsten Kapiteln wollen wir uns dem Menschen im Allgemeinen und ein paar Körperteilen im Besonderen zuwenden, vor allem im Hinblick auf den fränkischen und speziell auf den Nürnberger Dialekt. Wir wissen ja, dass der Franke beim Umgangston viel Fantasie und viel Flexibilität entwickelt hat, speziell der Nürnberger bei mundartlichen Betrachtungen sowieso.

goud „*Ja Mensch, du schausd obber goud aus*" – so lautet eine typische fränkische Begrüßungsformel, egal, ob die Aussage stimmt oder nicht. Vorsicht: Bei manchen Damen der Schöpfung kann man aber hier über Minenfelder laufen, denn die fragen möglicherweise sofort zurück: „*Wiiiesooo, hobbi wohl zougnummer?*"

Einen angenehmen Zeitgenossen bezeichnet man als „*richdi umgänglichng Menschn*". Die alte Lebensweisheit „*Wou Menschn sin, dou menschlds aa*" kennt man auch aus dem Hochdeutschen. Einem ungeschickten Zeitgenossen wird man bescheinigen: „*Der schdelld si oo wäi der erschde Mensch.*"

Aus dem menschlichen Themensegment habe ich auch den Titel meines derzeitigen Bühnenprogramms gewählt: „*Su wäi di Leit sin, is ka Mensch*". Es gibt aber auch eine abgewandelte Variante: „*Der Mensch is goud, obber di Leit sin schlechd.*"
Hier noch eine Aussage aus der Abteilung „Agrarökonomische Fachvokabel": „*Der Mensch konn a Sau sei, obber a Sau ka Mensch.*"

Welch fundamentale Erkenntnis!

Wenn der Franke – den Menschen betreffend – den Artikel ändert, dann ist aber Vorsicht geboten. Anstatt „der Mensch" heißt es dann „*des Mensch*", meist in Verbindung mit dem weiblichen Geschlecht. „*Des Mensch wenni scho siech, däi*

*könndi glei derschloong. Däi mahnd wohl, sie koo alle Manns-
bilder in Kubf verdreher, däi Briddschn, däi elendiche."*

Damit wären wir beim fränkischen Kopf, dem *„Kubf"*. Viele
spöttische Bezeichnungen hat der Franke für den Kopf im Lauf
der Zeit erdacht, teilweise verstärkend im Ausdruck und teilweise zusammengesetzt mit anderen Wortstämmen.

Die *„Groußkobferdn"* haben aber nicht unbedingt mit großen Schädelausmaßen zu tun, obwohl die Herkunft durchaus
logisch wäre: Wohlhabende Menschen waren meist auch augenscheinlich wohlgenährt. *„Bulmers"* gilt in dem Zusammenhang als typisch fränkischer Name *(„hod der an drummer Bulmers aaf")*. Der *„Deedz"* kommt aus dem französischen *„tete"*
(*„Kopf"*), die *„Ruubm"* von der Rübe, der *„Beggers"* von den
Schussern oder den Murmeln, und *„der Schäädl"*, *„di Bärn"*
(*„Birne"*) und *„der Kürbis"* erklären sich selbst.

Interessante Begriffszusammensetzungen gibt es da in unse-
rem Dialekt. *„Dickkubf"*, *„Glööskubf"*, *„Gnallkubf"*, *„Gagger-*   *Gnallkubf*
lerskubf", *„Hulzkupf"* und der *"Schwuulkubf"* – vom Begriff
„geschwollen" abgeleitet, so lauten einige typische Beispiele
dafür.

Auch bei unseren Redewendungen muss der Kopf herhalten.
Einem einfältigen Menschen wird man bescheinigen: *„Der hodd
sein Kubf aa blouß zum Hoorschneidn."* Vergessliche Franken
hören immer wieder *„Wos mer ned im Kubf hod, mou mer hald
in di Baaner hom."*

Und hier noch ein Reim, der mir sogar aus Kindertagen noch
in Erinnerung ist, und den ich tatsächlich schon im Kindergarten
gelernt habe. Aufgrund mangelnder und nicht immer ausgewo-
gener Ernährung gab es früher mehr Menschen mit einem Kropf
(*„Gruubf"*). Und der Reim, der sich darauf bezieht, der heißt:

„Jednfalls – is der Kubf digger wäi der Hals. Und is der Hals digger wäi der Kubf – nou hosd an Gruubf."

Eine medizinisch-fränkisch-fundamentale Erkenntnis aus grauer Vorzeit.

„Weider gäihds im Deggsd." Wir wollen uns mit weiteren Einzelheiten befassen.

Um die *„Aichla"*, also um die Augen, im Sprachgebrauch soll es jetzt gehen.

„Gell, dou schausd mid deine Aung" lautet die Bemerkung zu einem erstaunten Menschen. Neugierige Zeitgenossen erklären: *„Aaa Aichla könd mer scho riskiern"*, wenn's um interessante Verborgenheiten geht. Hat jemand einen verschlagenen Blick, *„nou schaud dem doch der Leibhaffdiche as di Aung raus."*

Gerade bei Verärgerungen findet der Franke augenscheinliche Worte: *„Gäihmer duu blouß as die Aung"*, oder *„grood der is mir a Dorn im Auch"*, oder *„des bassd ja widder wäi di Fuusd affs Auch"*, und manches Mal ist man *„grood nu mid an blauer Auch dervookummer"*.

Auch im zwischenmenschlichen Bereich gibt es augenblickliche Beispiele. Hat der Franke ein nettes Mädchen entdeckt, lässt er *„seine Aung ganz schäi schbaziern gäih"*. Bemerken wird er dann: *„Su wos schäins schauer meine Aung scho gern ooh."* Dann hat er aber auch *„a Aichla aff sie gworfm"*.

Moong

Sogar bei der Nahrungsaufnahme kommen die Augen sprachlich vor. Hat der Esser seinen Teller zu voll gemacht, dann *„woorn di Aung widder gräißer wäi der Moong"*. Und wenn die Suppe früher wieder mal extrem fettarm zubereitet war und sich kaum ein Fettauge bilden konnte, hieß es: *„In däi Subbm schauer mehr Aung nei, wäi rausschauer."*

Schielende Menschen gab es früher aufgrund mangelnder Operationstechniken noch mehr als heute. Aus dieser Zeit stammt die Bemerkung „*Däi hodd obber an dübbischn Hausfrauenbligg. Middn linggn Auch schauds nach der Wäsch und middn rechdn nach di Glammern.*"

Mein Ratschlag bei solchen Bemerkungen: Drücken Sie einfach mal ein Auge zu – gell.

DER MENSCH UND SEINE NASE

In unserer Reihe „Betrachtung des fränkischen Menschen und seiner körperlichen Eigenheiten" wollen wir uns jetzt der *„fränggischn Noosn"* widmen.

Nicht nur bei Kälte, sondern auch bei einem heißen, sehr würzigen Essen *„läffd uns di Noosn"*. *„Mich juggd di Noosn, ich glaab, ich erfohr wos Neis"* lässt auf gute Nachrichten hoffen.

Hat uns etwas geärgert, *„nou is uns des ganz schäi di Noosn nauf"*, die Steigerung von *„ganz schäi"* wäre dann *„elendiglich"*. Haben wir uns letztlich genug geärgert, *„nou hommer di Noosn obber endgüldich vull"*.

Auch die Größe unserer Riechorgane wird sprachlich gewürdigt, vor allem beim männlichen Geschlecht: *„Der hod zwaamol gschriea, wäi di Noosn verdeild worn sin"*, heißt es, wenn jemand eine sehr große Nase hat. Manche schließen dann traditionell *Noosn* aber auch auf die Ausmaße des Gemächts: *„Suu wäi di Noosn des Mannes, su is sei Johannes."* Stammt nicht von mir! Volksmund!

Nicht gerne, aber der Vollständigkeit halber und auf ganz besonderen Wunsch eines Stammtischkollegen hier ergänzenderweise das Zwiegespräch im Worzeldorfer Wirtshaus: Frage: *„Waßd du, wos is Beinlichsde fir an fränggischn Moo is?"* Antwort: *„Wenn er mid anner Erregdsion gecher di Wänd rennd und sich als erschdes di Noosn brichd."* Auch Volksmund! Lektion verstanden!

Frauen mit großem Riechorgan ernten andere spöttische Kommentare: *„Scha hie, die Frau Winneduu"* (die Indianer nach Karl May waren angeblich für ihre Hakennasen bekannt).

Angeblich soll sich ja auch übermäßig-regelmäßiger Alkoholgenuss augenscheinlich bemerkbar machen. (*„Hosd den sei roude Noosn gseeng?"*)

„Der drächd sei Noosn ganz schäi houch" heißt es bei eingebildeten Menschen, neugierige Zeitgenossen *„hom ihr Noosn ieberol vorner droo"*, und war man vorausschauend ahnungsvoll, *„hodd mer widder amol a ganz schäins Nääsla ghabd"*.

Ein hungriger Mensch *„schäibd alles under der Noosn nei"*, und lässt sich jemand übermäßig viel gefallen, *„nou danzns dem ganz schäi aff der Noosn rum"*. Ist man in die Irre geführt worden, *„nou homs den oddndlich an der Noosn rumgführd"*.

Einem Kommunikationsverweigerer *„mou mer alles aus der Noosn zäing"*, und einem übermäßig neugierigen Zeitgenossen *„wärd mer doch ned alles glei aff di Noosn bindn"*. Wenn sich jemand permanent vordrängt, wird man kommentieren: *„Der hodd sei Noosn obber aa immer vonnerdroo."*

vonnerdroo

Es gibt Leute, die jeden und alles kritisieren. Richtige Ansprache für diese Typen: *„Zupf di erschd amol an deiner eichenen Noosn – gell."* Verspottet man jemanden, *„machdmer dem a lange Noosn"*.

Oftmals werden Riesenpickel mitten auf der Nase so kommentiert: *„Iich glaab, dei Noosn gräichd Junge."*

Wird der Franke nach dem Weg gefragt, und er weiß doch nicht ganz genau Bescheid, gibt er gerne zur Antwort: *„Immer der Noosn nouch."* Hat er sich verspätet, *„issnern der Zuuch vur der Noosn wechgfohrn."* Und der einkaufsfreudigen Nürnbergerin *„homms bam Winderschlussverkauf is ledzde Drum vur der Noosn wechgschnabbd"*.

Wirklich nur am Rande will ich auch auf den Naseninhalt eingehen, weil er im fränkischen Dialektgeschehen auch seinen festen Platz hat. Abgeleitet vom hochdeutschen Popel heißt es

im Duden: „Popel – Komma – der – Komma – getrockneter Nasenschleim", bei uns manchmal auch *„Ruutzbubbl"* genannt. Bei starker Erkältung schnieft der Franke leidend: *„Ich konn vur Ruutz ned schnaufm."* Fast schon eine medizinische Diagnose.

Nicht näher will ich auf die Beschaffenheit der Naseninhalte eingehen, obwohl wir längst wissen, dass es unter anderem einen *„Ziechbubbel"*, einen *„Schnalzbubbel"* und einen *„Trockenbubbel"* gibt. Letzterer sieht aus wie ein filigranes Kirchenfenster, wenn man ihn gegen das Licht hält. Damit aber genug, denn manche meiner Mundartkollegen haben dieses Thema fast schon empirisch behandelt …

Und hier natürlich die unvermeidliche musikalische Variante zu diesem Thema:

Bubblmoo

„Ich bin der Bubblmoo und hull mein Bubbl roo,
nou gäh i naus zum Haus und hull mein Bubbl raus.
Dann gäih i rum ums Eck und schmeiß mein Bubbl weg,
dou kummd die Hausfrau raus, rutschd aff mein Bubbl aus,
des gäihd mi gornix ooh, ich bin der Bubblmoo …"
(*„Fränggisches Drädischenel"*)

DER MENSCH UND SEIN MUNDWERK

Bei der mundartlichen Betrachtung des *„fränggischn Menschn"* im Allgemeinen und seiner Körperteile im Besonderen kommt man an ihr natürlich nicht vorbei: *„an der Goschn, an der Waffl, an der Schläbbern, an der Läädschn, an der Babbm"* und so fort. Leider war nicht zu ergründen, liebe Leserinnen, warum der Artikel zu all den Bezeichnungen für das Mundwerk weiblich ist … (*„DIE Goschn, DIE Waffl, DIE Schläbbern"*).

Auch hier lässt es sich der Franke nicht nehmen, Steigerungsstufen vom Komparativ bis hin zum Superlativ zu verwenden: die *„Goschn"* wird zur *„Schwerdgoschn"* oder zur *„Rewolwergoschn"*, die *„Schläbbern"* zur *„Dunnerwedderschläbbern"*, die *„Waffl"* zur *„Brei-Waffl"* (von „breit"), und so gibt es viele Beispiele.

Schläbbern

Natürlich haben sich im Lauf der Jahre auch typisch fränkische Redensarten und Sprachgebräuche gebildet und manifestiert, an denen der Sammler fränkisch-rhetorischer Eigenheiten seine hellste Freude hat.

„Der hod a rechd freche Goschn", oder *„mou ich mir edz vo dem asu a freche Goschn oohänger loun"*, sagt man zu einem vorlauten Bengel. *„Hald dei Goschn"*, rät man ihm, wenn er zu aufsässig wird.

Spricht eine Frau sehr viel, dann heißt es, *„wenn däi gschdorm is, mäins derer ihr Goschn amol exdra derschloong"*. Einer beredten und cleveren Frau wird man bescheinigen: *„Däi is obber aa ned aff die Goschn gfalln."* Gibt ein Franke nicht nur recht gerne an, sondern er redet auch noch ununterbrochen, dann heißt es: *„Der nimmd di Goschn obber aa ganz schäi vull"*, oder auch: *„Den sei Goschn gäihd ja wäi gschmierd."* Geschwätzigen Zeitgenossen, die als *„lebendigs 8-Uhr-Bläddla"* gelten, wird man bestätigen, *„dassd däi ihr Goschn gscheid schbaziern gäi loun"*.

Goschn

Waffl

Bevor wir uns mit der „*Waffl*" beschäftigen, hier zum Schluss noch ein versöhnliches Beispiel zur „*Goschn*": Wie sagt man zu einem hübschen fränkischen Mädchen mit einem ausgesprochenen Kussmund? „*A oadlichs Göschla hodds – gell.*"

Hier noch ein regional-typischer Ausspruch, der gerne verwendet wird, wenn ungerechtfertigte oder überzogene Wünsche an uns herangetragen werden. „*Dou bleibd dir die Goschn obber ganz schäi sauber – verschdandn?*"

Gleichberechtigt zur „*Goschn*", liebe Leserinnen und Leser, wird das fränkische Mundwerk auch häufig als „*Waffl*" bezeichnet. Schon der alte Hans Sachs – sicher einer der frühen Begründer der heutigen fränkischen Kleinkunstbühnen – hat diese Bezeichnung damals schon gewählt. „*Schweig nur still und halt dein Waffl zu*" hat er einen seiner Protagonisten sagen lassen.

Einem maulfaulen Franken am Stammtisch wird man nachsagen: „*Der bringd sei Waffl heid widder gor ned aaf.*" Wenn ein nerviger Mensch notwendigerweise ohne Ende provoziert, dann prophezeit man ihm: „*Der doud suu lang zou, bisser a gscheide aff di Waffl gräichd.*" Einem vorlauten Angeber wird man bestätigen. „*Der reißd sei Waffl heid obber widder ganz schäi aaf.*"

Ein „*alder Wafflbegg waffld in aaner Dur su zou*", und stürzt der Franke spektakulär und gibt es danach automatisch stattfindende starke Hautabschürfungen, dann sagt man bei uns: „*Allmächd, hosd du des gseeng, den hodds obber oddndlich aff di Waffl ghaud.*"

Läädschn

Aber nicht nur die „*Goschn*" und die „*Waffl*", sondern auch die „*Mumbfl*" und die „*Läädschn*" kommen in unserem Wortschatz vor. Beide Begriffe stehen für das Mundwerk sichtlich

mürrischer und schlecht gelaunter Menschen. *„Su a mumbflerder Kerl, su a mumbflerder"*, sagt man, oder *„Worum lässdn
der di Läädschn goor su hänger?"*

Natürlich gibt es auch den Begriff *„Maul"* in Franken. Immer wieder werden die genannten Redewendungen *(„Soocherer")* mit dem Maul in Verbindung gebracht. Darüber hinaus:
Kleine Mengenangaben bezüglich der Verköstigung werden als
„a Maul vull" bezeichnet. Die Herkunft des Begriffes *„Maul
aff"* ist strittig. Einerseits wird behauptet, vom lautstarken Ar-
tikulieren der Affen käme die Bezeichnung, andere erklären die
Herkunft mit dem Ursprung „Maulauf" (mit offenem Mund
dastehen).

Mit der Erkenntnis, dass der Franke außer reden ja auch
noch *„blaudern"*, *„raadschn"*, *„waafm"*, *„blabbern"*, *„belfern"*,   *waafm*
„pfopfern" und *„soddern"* kann, war's das für dieses Thema.

DER MENSCH, SEIN BAUCH, SEINE BEINE, SEIN HINTERN

Wir haben uns, liebe Leserinnen und Leser, bereits mit dem Menschen und seinen Körperteilen befasst. Diese Reihe wollen wir hier ergänzen. Wir beschäftigen uns mit dem Bauch, mit den Beinen und – ja, der gehört auch dazu – mit dem Hintern.

Gniedlas-Bungger

Viele Bezeichnungen in unserem Nürnberger Dialekt gibt es für den Bauch: „*Wambm*", „*Gribbm*", „*Ranzn*", „*Wohlschdands-Walberla*", „*Gniedlas-Bungger*", „*Bradwoschd-Endlacher*", „*Schaiferlers-Friedhuuf*", „*Ducher-Gschwür*", („*Wampe*", „*Grippe*", „*Ranzen*", „*Wohlstandswölbung*", „*Klößebunker*", „*Bratwurstendlager*", „*Schäufelesfriedhof*", „*Tuchergeschwür*"). Ja, ja, die kritische Masse unterhalb des Kinns.

Beleibte Menschen werden bei uns oft als „*Euere Korbulenz*", bezeichnet. Das sind diejenigen, die behaupten: „*Läiber in Moong verrengd, wäi im Wärd wos gschengd.*" Auch lustige Kommentare gibt es hier: „*Scha hie, der is lebmsmiddlschwanger*". Auch die Reimform kommt vor: „*Di Dier* (Tür) *gäihd aaf, a Bauch kummd rei, des konn doch blouß der Fritzla sei.*"

Umgangssprachlich „*mou mer si in Bauch vur Lachn haldn*", manchmal heißt es auch „*der frouchd mi ja a Luuch in Bauch*", und geht's dem Stammtischbruder mal nicht so gut, wird der Nachbar bemerken: „*Dem wärd hald aweng a Schieß im Bauch rumgäih.*" Und dass „*a vuller Bauch ned gern schdudierd*", ist ja hinlänglich bekannt. Nicht sehr charmant und auch nicht kultiviert, aber in manchen Kreisen gebräuchlich ist für Schwangere die Bezeichnung „*Bauch vull*" („*Dou wenn er blouß di Huusn ieber die Beddstadd hängd, nou hod sie scho in Bauch vull.*")

Und jetzt geht es um die Beine, um „*di Baaner*". Unvergessen ist das Lied von Willy Händel und Karl Vogt, besser bekannt unter dem Synonym „*die Nämbercher Peterlesboum*". Nach der Melodie „Der Mond hält seine Wacht" haben sie jahrelang gesungen *„Däi Baa, däi Baa, däi Baa ... "*. Schließlich hatte das Lied durch viele Bierzelt- und Bockbierfest-Auftritte verdienterweise schon Kultcharakter. Zusammen mit Herbert Hisel waren sie damals die Wegbereiter des Nürnberger Dialektes auf den Bühnen der Region.

Im täglichen Sprachgebrauch aber geht es auch sehr oft um die Beine. Einen unwiederbringlichen Verlust wird man kommentieren mit *„des konner mer edz ans Baa schmiern"*. Wartet man lange auf Bus oder Bahn, *„schdäid mer si die Baaner in Bauch"*. Der Franke lässt sich ungern antreiben zum schnelleren Arbeiten. Aber der Kollege wird dazu bemerken *„der reißd si obber aa ka Baa raus"*.

Wenn wir Gefahr laufen, von einem Mitmenschen gezielt ausgenützt zu werden, heißt es bei uns: *„Der maand wohl, er konn mid mir durchs Baa dou."* Nicht zu vergessen der stark animierende Hinweis nach einem Gläschen Schnaps: *„Af an Baa schdäihd mer ned!"* Vergessliche Menschen wird man belehren: *„Wos mer ned im Kubf hod, mou mer in die Baaner hom."* Wird man selbst mit einem unmöglichen Verlangen konfrontiert, wehrt man sich mit den Worten: *„Ich mooch ned, und wennsd di am Kubf schdellsd und mid di Baaner wagglsd."*

Baaner

Auch der folgende, intellektuell nicht ganz anspruchsvolle Text hat sich in unserem volkstümlichen Liedgut seit langem manifestiert: *„Edz sing mer amol des Ding, im Kääs dou sin ka Baaner drin, und solldn anne drinner sei, nou mäissdns lauder glanne sei."*

So, und damit sind wir bei einem Körperteil, der wohl in allen Dialekten seinen festen Platz hat. Es geht um den Hintern, um das Hinterteil, um *„den Bobbers"*, um den Arsch. Kulturell gesehen hat ja schon der alte Goethe in seinem „Götz von Berlichingen" sich diesem Thema publizistisch genähert, deswegen

darf man, wenn es um mundartliche Sprachgebräuche geht, dieses Thema auch nicht aussparen. Einverstanden? Hoffentlich!

Es ist schwer, die korrekte Nürnberger Aussprache schriftlich darzustellen. Genau zwischen dem A und dem O ist die korrekte Sprechweise anzusiedeln. Einfach ausprobieren – gell.

Redet jemand nur dummes Zeug, hört er oft als Antwort: *„Suu a Arschgschmarri."* Glattrasierten Männern wird man *„a Gsicht wäi a Bäbiärschla"* bescheinigen. Wenn in unseren Breitengraden jemandem der Angstschweiß ausbricht, *„nou gäihd dem der Arsch aff Grundeis"*. Sitzt der Stammgast im Wirtshaus wieder mal über Gebühr lange, bemerkt der Wirt, der ja auch irgendwann einmal ins Bett will: *„Der hodd doch heid widder Beech (Pech) underm Arsch."* Strengt sich der eine Kumpel mordsmäßig an, und der andere macht alles kaputt, hört man: *„Wos der aa mid di Händ aafbaut, reißd der ander midn Arsch widder ei."* Der Sprung ins Schwimmbecken mit angewinkelten Beinen heißt bei uns *„Arschbombm"* und der überraschende Fußtritt *„Arschballong"*.

Kärwaliedla

Abschließend sind wir schon wieder beim Nürnberger Liedgut, dieses Mal bei den *„Kärwaliedla"*.

Sicher allen Kirchweihburschen ist der fundamentale Vers bekannt: *„Dou hod anner gsunger, des hod si ned greimd, dem ghärd doch di Zunger am Arsch hindergleimd."*

In der Hoffnung, dass *„des Essn im Wärdshaus ned nach Arsch und Friedrich schmeggd"*, geht's auf zum nächsten Thema.

DER NÜRNBERGER UND DIE TIERE, DIE „*VIECHER*" I

So wie in vielen anderen Dialekten dreht sich auch in der fränkischen, vor allem aber in der Nürnberger Mundart sehr viel um die Tiere, um die „*Viecher*". Seit der Mensch angefangen hat, Tiere zu domestizieren, gehören sie auch zum täglichen Sprachgebrauch. Interessanterweise geht es da aber nicht allein um die heimische Haustierwelt, sondern sogar um den einen oder anderen Exoten.

Viecher

Als Nahrungslieferant begleitet uns seit frühester Zeit das Schwein, die Sau. Es sind ja eher negative Attribute, mit denen dieses Tier belegt wird, trotzdem darf es oft als Glückssymbol und als Glücksbringer herhalten, manchmal aus Marzipan, manchmal sogar aus Porzellan. Manche Ortschaften oder Ortsteile in unseren Gefilden leiten ihren Namen von den Schweinen ab: Ebermannstadt, Schweinfurt, Ebersbach, Schweinau und viele mehr.

Erstaunlich ist, dass „*fränggisch-redoorische Soocherer*" die ganze Palette von sehr positiv bis sehr negativ belegen. Einerseits kann das Essen im Wirtshaus „*saugoud*" schmecken, andererseits ist es „*a Riesnsauerei*", wenn der Bierpreis angehoben wird.

Riesnsauerei

Wer Pech hatte, ist „*a arme Sau*", wer Schi fährt wie ein Berserker, gilt als „*Bisdnsau*", wer unleserlich schreibt, „*hod a Sauglaue*", und erfahrene Komödianten auf der Bühne werden als „*Rambmsau*" bezeichnet. Hat sich unser Franke dann auch noch etwas spektakulär benommen, „*nou hodder di Sau rausgloun*". Autofahrer, die zu schnell unterwegs sind, „*fohrn wäi a gsengde Sau*". Ekelt man sich, „*könnds anner Sau grausn*", älteren Mitbürgern wird man bescheinigen „*suu ald wärd ka Sau*". Droht man einen Anpfiff an, „*machd mer den ganz schäi zur Sau*". Stark transpirierende Menschen „*schwidzn wäi a Sau*", wer den Esstisch unordentlich verlässt, der „*schdäihd aaf wäi di Sau vom Drooch*", und wenn die Nassrasur wieder mal schiefging, „*nou bloud mer wäi a Sau*".

Kommt zum Wohlstand der Überfluß, wie das halt manchmal so ist, *„nou is des genau suu, wäi wemmer anner feddn Sau in Orsch aa nu mid Fedd eischmierd"*.

eischmierd

Die *„alde Sau"*, die *„bläide Sau"*, die *„dumme Sau"*, die *„faule Sau"* sind per se recht böse Beschimpfungen. Ändert man dann aber Attribut und Adjektiv, dann ändert man ganz schnell die komplette Aussage. Die Bemerkung *„Suu a goude Sau"* ist bei uns ja wirklich schon als Kompliment einzustufen.

Kommen wir zum Hund. Regnet es draußen, *„hommer widder a Hundswedder"*. Einem verkommenen Menschen wird man nachsagen, *„der is vur di Hund ganger"*, vor Kälte schlotternde Mitbürger *„frierds wäi an junger Hund"*, heulende Menschen *„jauln wäi a dreedner (getretener) Hund"*, streitende Kontrahenten *„gänger middernander um wäi Hund und Kadz"*, und wenn jemand etwas verpasst hat, weil er zu spät gekommen ist, hält man ihm entgegen: *„Wenn der Hund ned gschissn hädd, nou hädder in Hoosn derwischd."*

„Gnärschiche Leid" (genäschige Menschen), denen dies und das nicht schmeckt, bekommen zu hören: *„Wennder des ned schmeggd, nou frißd hald Hundsfodzn"*. Nicht sehr charmant, aber treffsicher.

Hundsfregger

„Hundslumb", *„Hundsfregger"*, *„Hundsköter"*, *„Hundsgrübbl"*, *„Hundsgnochn"*, *„Hundsgnobbern"*, gehören ja hierzulande zu den wirklich sehr deutlichen Schimpfwörtern. Aber ähnlich wie in der Wörterwelt der Schweine gibt es hier ein Umschlagen ins Gegenteil. Einem gerissenen Menschen wird man mit einem fast schon bewundernden Unterton bescheinigen. *„Suu a Hundling, suu a raffinierter…"* Auch der Hund findet beim Kartenspiel seine Verwendung. Bei einer unübersichtlichen Ansammlung nicht zusammenpassender

Karten wird man konstatieren: *„Allmächd, vo jedn Dorf an Hund."*

Ungeschickten Menschen wird man bestätigen: *„Der schdlld si oo wäi der Hund zum Eierleegn."* Sehr müde Leute in Nürnberg sind *„hundsschdaamäid"*. Und wie beschreibt man eine Gegend, in der überhaupt nichts los ist? Genau – *„dou is ja der Hund gfreggd"*.

hundsschdaamäid

Die Katze fehlt noch in unserer Aufzählung des täglichen Sprachgebrauchs. Flexible Menschen *„fläing wäi a Kadz aff alle vier"*, vergebliche Anstrengungen *„woorn fir di Kadz"*, und auch hier kann man in der Kartel-Welt landen: *„Dou dein Drumbf raus, sunsd ghörsd der Kadz."* Ohne Probefahrt wird kein gebrauchtes Auto gekauft, *„wall mer kaffd doch ned di Kadz im Sook"*.

Mit unwichtigen Kleinigkeiten *„loggd mer ka Kadz hindern Uufm vur"*. Neulich am Stammtisch: Einer der Gäste jammert unendlich über seine kleine harmlose Erkältung. Kommentar des Nachbarn: *„Ba meiner Kadz hods aa su oogfanger, und nach am halbm Johr is nou gfreggd."* Dass *„ba der Nachd alle Kadzn grau sin"*, weiß man auch hierzulande, und will jemand nicht mit der Sprache heraus, *„schleichd er wäi di Kadz ummern haaßn Brei rum"*. Nicht zu vergessen: der angesagte geplante Kurzbesuch beim fränkisch-sozialen Treffpunkt: *„Ich gäi schnell nu aff an Kadznschbrung ins Wärdshaisla."*

Zu guter Letzt: Was hat die Tierwelt mit dem fränkischen Autofahrer zu tun? *„A Schlanga hod er vur sich, weiße Mais hinder sich, an Diecher* (Tiger) *im Dank* (Tank), *Pferdla under der Haubm, a flodde Biene neber sich und an Drachn derhamm."*

DER NÜRNBERGER UND DIE TIERE, DIE *„VIECHER"* II

Es gibt noch mehr Tiere in der Umgangssprache als nur Hund, Katze und Schwein. Beginnen wir in diesem Kapitel mit dem Affen. Hat man bei uns Bedenken, sich zu blamieren, sagt man: *„Ich mach mi doch ned zum Affm."* Mein früherer Nachbar, der auf irdische Güter recht viel Wert legte, war der Meinung: *„Wennsd ka Gerschdla* (Geld) *host, sigssd an Affm gleich."* Einer meiner früheren Arbeitskollegen war übertrieben eitel. Eines Tages bekam er zu hören: *„Moggsd amol an Affm seeng? Braugsd blouß in Schbiegl nei schauer."* Eiligen Menschen wird man bescheinigen, sie *„däädn rummrenner, wäi wenns vom Affm bissn worn wärn".* Es war tatsächlich vorletzte Woche, als auf der Hauptstraße ein übertrieben großer und sehr stämmiger Mensch auf einem übertrieben kleinen Motorroller vorbeifuhr. Kommentar im Wirtsgarten: *„Der hoggd dromer wäi der Aff am Schleifschdaa."* Dass dieser Kommentator sehr viel später selbst *„an mordsdrumm Affm hammdroong hod",* wollen wir jetzt nicht näher beleuchten.

Schleifschdaa

Sicher, manche dieser Aussprüche, Zitate, Lebensweisheiten, Aphorismen, Bemerkungen und Sprüche gibt es auch in anderen Dialekten, teilweise auch im Hochdeutschen. Aber es sind halt auch unsere Sprachgebräuche, und außerdem klingt dies alles bei uns *„viiiel schänner".*

Nicht ganz so umfangreich und oft kommt der Bär in unserer Mundart vor. In ländlichen Gegenden wird das männliche Schwein als „Saubär" bezeichnet. Wenn sich bei uns die Menschen der älteren Generation manchen technischen Neuerungen verweigern, hören sie manchmal: *„Nerja, a alder Bär lernd hald nimmer is Danzn."* Hat man jemanden etwas angeschwindelt, heißt es: *„Dem hommer an ganz schäiner Bärn naafbundn."* Nicht ergründen konnte ich, warum die Lakritze bei uns als *„Bärndreeg"* bezeichnet wird. Dass die pubertierende Jugend dem Bären sogar einen Kirchweihliedervers gewidmet hat, ist sicher noch vielen bekannt: *„Ja Kunnerler, dou schau*

Danzn

her, mir wächsd a Schieberla Hoor am Bauch – ich maan, ich werd a Bär, ja Kunnerler dou schau her."

Jetzt geht es um den Bock. Ungepflegte Menschen *„boodn alle värzer Dooch, ob si's braung odder ned"*. Denen wird man nachsagen: *„Der schdinggd wäi a Bogg."* Als *„eignsinnichen Bogg"* oder ganz einfach als *„schduur Bogg"*, aber auch als *„boggbaanerd"* (bockbeinig) wird man trotzige oder starrsinnige Mitbürger bezeichnen. *„Boggd er scho widder?"* fragt man, wenn jemand heftig schmollt. Und wenn etwas hochbetagtere Herren den jungen Mädels peinlicherweise ungeniert hinterherstarren, bemerkt der aufmerksame Beobachter *„suu a alder Bogg"*. Wer Fehler machte, *„hod an Bogg gschossn"*, das Scherengestell zum Zerkleinern von Brennholz nennt man *„Sääch-buuck"* (hier sagt man ausnahmsweise *„Buuck"* und nicht *„Bogg"*), und die Kinder im Kindergarten *„däi denner boggsch-bringer"*. *„Boggbier"* wird getrunken und *„Boggwärschdla"* werden gegessen. Und jetzt wird's ernst: Unser grüngläsernes Behältnis für den Frankenwein, diese bauchige abgeflachte Flasche also, ist tatsächlich der Form des Hodensackes eines Bockes nachempfunden – ob Sie es glauben oder nicht. Nicht umsonst heißt er *„Boggsbeidl"*, also *„Bocksbeutel"*.

Der Kuckuck legt sein Ei in ein Nest, das ein anderer für sich und seine Familie gebaut hat. Deshalb gilt er als Schmarotzer. Gibt's übrigens bei den Menschen auch. Ist man grantig auf jemand, schreit man hinterher: *„Den soll doch glei der Guggugg hulln."* Fragen, die man nicht beantworten kann, tut man ab mit den Worten *„waß der Guggugg"*. Oder man beantwortet sie sich gleich selbst: *„Waß der Guggugg, woui mei Brilln widder lieng hob loun."*

Was die Vogelwelt anbetrifft, wären wir jetzt beim Spatzen. Geht es um eine Neuigkeit, die eigentlich gar keine Neuigkeit mehr ist, *„bfeifm des di Schboozn scho lang vo di Dächer"*. Ein

boggbaanerd

Schbooz

appetitloser Mensch „*frißd wäi a Schbooz*", dummen einfältigen Menschen „*homm di Schboozn scho is Hirn rausbiggd*", die schwäbischen „Spätzle" werden bei uns auch als „*Mehlschboozn*" bezeichnet, und eine alte Lebensweisheit lautet: „*Edz gäihds aufwärds – hod der Schbooz gsachd – wäi nern di Katz im Maul di Drebbn naufdroong hod.*"

Auch die Maus spielt in unserem Dialekt ihre Rolle: „*Wenn di Kadz ausn Haus is, danzn die Mäus aff di Disch.*" Kennt man ja. Neckt man jemand, spielt man mit ihm „*Kadz und Maus*", Wichtigtuer „*machn as anner Maus an Elefandn*" und fränkische Statements enden oft mit den bekräftigenden Worten: „*dou beißd di Maus kann Foodn ab*". Neugierige Menschen „*möcherdn manchmol a Mäusla sei*", und stößt man sich am Ellbogen mit dem folgenden elektrisierenden Schmerz, jammert man: „*Allmächd, edz is des Mäusla gloffn.*" Ungeschlagen aber ist unser fränkisches Kosewort für die Allerliebste: „*Gäih ner her, mei Mäusla.*"

Man soll es nicht glauben: Zu einer Zeit, als von Computer, Tastatur und Maus noch keine Rede war, hat die Maus bei den alten Kirchweihliedern schon ihren festen Platz errungen. Einer dieser uralten Verse heißt:
„*Die Magd, däi gäihd am Buudn nauf und zäichd si naggerd aus, sie hoggd si af a Schemerla und schbield mid ihrer Maus.*"
Das ist altes, traditionelles überliefertes Volksgut – ich schwöre!

Zum Schluss geht es nicht um die Maus, sondern um die Laus. Lästige Menschen werden oft beurteilt mit der Bemerkung: „*Do hobber mer a Laus in Belz nei gsedzd.*" Wenn jemand im Zimmer Mütze oder Hut aufbehält, wird er gefragt: „*Hosd du Angsd, dassd deine Läus derfriern?*" Antwortet derjenige dann auch noch recht grantig, wird er gefragt: „*Wos is denn dir fir a Laus ieber di Leber gloffn?*" Auf jeden *Fall* „*wollmer edz ned as anner Laus an Elefandn machen*".

DER NÜRNBERGER UND SEINE „*KÄRWA*"

Sommer in Nürnberg. Kirchweih überall in der Gegend. „*Kärwa, Kärwa, lou ned nouch*" werden mancher Bierzeltbesucher, aber sicher alle „*Kärwamadli und -boum*" denken, oder im besten Fall laut singen.

Ursprünglich war es ja ein Erinnerungsfest zur Einweihung der Kirche und hatte somit sakralen Charakter. Früher mal. Heute ist es einer von vielen Eckpunkten im gesellschaftlichen Jahresablauf.

Trotzdem haben sich viele Kirchweihbräuche in die jetzige Zeit fortgesetzt – vor allem auf dem Land, aber auch noch in mancher Stadtrandgemeinde. Das „*Bedzn-Rausdanzn*" – ein Tanzwettbewerb der Dorfjugend bei der Kirchweih (1. Preis ein Lamm „*Bedz*") – sei hier vor allem genannt, und natürlich das Aufstellen des Kirchweihbaumes, das man so nur in Franken kennt. In anderen bayerischen Gegenden wird sonst der Maibaum aufgestellt, die Zeremonien sind aber recht ähnlich. Mancherorts gibt es auch noch einen Umzug mit geschmückten Wagen. Unverrückbare Regeln, traditionelle Verhaltensweisen findet man hier, und die werden von den „*Kärwaburschen*" genauestens überwacht.

Zum Thema „*Bedzn rausdanzn*" hat mir Hans Peuschel, in den südlichen Nürnberger Stadtteilen sehr bekannter und „*exdreem gouder Gweddscher*" (Akkordeonist), folgende Geschichte mitgegeben:

Einer der „*Kärwaboum*", der Schorsch, hat den Betzen (Schaf) beim Tanz gewonnen. Sein Tischnachbar fragt ihn „*Wos machsdn edz mit dem Betz*", worauf Schorsch antwortet „*Der kummd edz in mei Schloofzimmer.*" Mit entsetztem Gesicht bemerkt sein Nachbar „*Obber des schdinggd doch fürchderlich*", worauf der Schorsch sagt: „*An den Gschdank mousi der Betz hald gwööhner.*"

Kärwaboum

Gespielt und gesungen wird bei Kirchweihen, was das Zeug hält. Aus dieser Tradition heraus stammen auch die unzähligen *„Kärwaliedla"*, die oft den Zweck hatten, gegen die *„Kärwaburschen"* der Nachbargemeinden anzusingen. So mancher gesangliche Wettstreit mit teilweise lustig-aggressivem Liedgut hat sich danach in einen physischen Wettstreit verwandelt. In Franken heißt das: *„Gscheid graffd is worn – verschdäihsd."* Diese geheime Sehnsucht nach einer anständigen Keilerei manifestiert sich etwa in folgendem uralten überlieferten Vers, den mir mein *„Schwiechervadder"*, der Zenks Günter, so weitergegeben hat:

Schwiechervadder

> *„Wenn iebers Johr di Kärwa is
> und es wärd ned grafft und gschloong – fidirallarallalla,
> nou scheißi in di Kärwa nei,
> ich möchd mei Brügl hom – fidirallarallalla, kennsd di aus."*

Menschen sind schöpferisch. Meistens dann, wenn sie in froher Runde zusammensitzen und miteinander feiern, tanzen und vor allem miteinander singen. Auch die *„Kärwaboum"* im Stadtkern von Nürnberg hatten ihre Hymne:

> *„Nämbercher simmer, drum lou mer uns nix gfalln,
> hiehauer demmer, dassd di Köpf runderfalln.
> Drei und viere fürchd mer ned, fiimbf und sechse aa nu ned,
> neili hommer zehne ghaut, Brouder, däi hom gschaud.*
>
> *Zwanzg lieng im Kranggnhaus,
> dreißg lieng am Friedhuuf draus,
> värzg hommer suu derboxd, Brouder, däi hom glozd.
> Jaaaa Nämbercher simmer."*

Was die uralte Tradition der fränkischen *„Kärwaliedla"* anbetrifft, so wird es immer schwerer, diese Ausgeburten fränkischer Mundart zu suchen, aufzuspüren, zu sammeln, zu sichten und wenigstens ansatzweise nach den entsprechenden Melodien zu selektieren.

Diese volkstümlichen Vierzeiler, im südlichen Bayern übrigens *„Schnadahüpfl"* genannt, enthalten viel ländlichen Sarkasmus und sind meist sehr deftig. Da gibt es keinerlei Zurückhaltung, das ist manchmal wie ein Ventil der fränkischen Seele, da entweicht Kraft und Überdruck. Sicher, für manche Ohren und für manche Gemüter nicht ganz der alltägliche Umgangston, und selten in unsere moderne Zeit zu transponieren. Aber im Grunde läuft auch diese Sequenz volkstümlichen Brauchs unter der Überschrift „Kultur", wenn auch etwas am Rande des Kulturellen. Unsere Väter, Großväter, Urgroßväter – *„däi homms hald aa ganz schäi krachn loun, odder?"*

Einfache Melodien in meist acht Takten oder im Dreivierteltakt schaffen volksnahen „Ohrwurmcharakter". Diese Melodien und die entsprechenden – manchmal orts- oder stadtteilbezogenen – Verse dürfen einfach nicht in Vergessenheit geraten.
In der Hoffnung, dass es dann letztlich doch etwas friedlicher zugeht als in manchem Vers, hier noch ein Beispiel, dass sich im Vergleich zu früher halt doch nicht alles geändert hat:

„Däi wou vom Hamgäih soong, däi mäin ka Geld mehr hom, däi wou vom Doubleim soong, däi mäin ans hoom."   *Hamgäih*

WEIHNACHTEN IN „NÄMBERCH"

„Allmächd, scho widder a Johr um." Schon wieder marschiert man zielstrebig auf die Feiertage und den Jahreswechsel zu. Vor uns liegt die *„schdaade Zeid"* – wie mein Opa zu bemerken pflegte. Er hat immer vor zu viel Hektik und Eile in der Adventszeit gewarnt mit den Worten *„Immer schäi langsam, lou di ned su hedzn, Gosdnhuuf is aa ned anern aanzichn Dooch baud worn."*

Wenn die besinnlichen Tage ins Haus stehen, gibt es so vieles, was man sich vornehmen kann:

Etwa wieder mal vorsätzlich und erfolgreich faul sein, die herbstliche Seele baumeln lassen, im einen oder anderen Buch rumschmökern, *„a Dässla Kaffee odder a Gläsla Glühwein schlürfm"* und den *„aaner odder andern Lebkoung verdrüggn."*

Lebkoung

Oder man kann wie schon so oft wieder mal ein Schränkchen ausräumen, alles rauslegen, was man eigentlich wegwerfen möchte, und dann doch alles komplett wieder einräumen. Ohne schlechtes Gewissen und mit einem verschmitzten Lächeln versehen – *„odder ned?"*

Und ob man sich dem jährlichen weihnachtlichen Kaufrausch völlig entzieht oder völlig hingibt, wichtig dabei ist: *„Blouß ned neiredn loun und sich sugor derbei wohlfüüühln."* Überhaupt ist der Begriff „Wohlfühlfaktor" einer der Begriffe, der bei vielen Entscheidungen des Lebens ruhig etwas mehr Gewicht bekommen sollte.

Was nicht passieren sollte, ist die Szene, die ein fränkisches Ehepaar zum Thema Weihnachtsbäckerei abgeliefert hat. Da fragt die Frau nämlich ihren Mann: *„Wos solli denn backn?"* Worauf der Mann antwortet: *„Am besdn deine Kuffer".* Was rät man den beiden? *„Ihr solld eich gfälligsd verdroong – Menschenskinder."*

Hier für Sie noch ein paar selbst mitgehörte und original formulierte Jahresend-Bemerkungen, die ich so beim Einkauf in der Vorweihnachtszeit im *„Subbermargd"* tatsächlich aufgeschnappt habe:

„Suu deier wäi heier worn di Chrisdbaim ja nu nie." Oder: *„Nerja, des alde Johr is scho ganger, edz mäi mer hald amol schauer, wos is neie bringd."* Oder: *„Suu schnell schaud mer gor ned, edz sin scho widder zwölf Monad rum."*

Oder: *„Also, däi Zeid vergäihd ja immer schneller, des kommer ja gor ned glaubm."* – *„Is ja aa ka Wunder, im Sebdember woorn ja scho di Schogglood-Bulzermärdl in die Regaale gschdandn."* – *„Ja, ja, und däi boor, däi wous ned verkaffd hom, däi wern edz eigschmolzn und fir di Osderhoosn als Organschbende verwendet."*

Bulzermärdl

Auch der brachiale fränkische Humor kam nicht zu kurz: *„Also in mein vergangerner Johr hods ner blouß vier griddische Faasn geebm – nämli Fräijohr, Summer Herbsd und Winder. Homs des edz verschdandn? Gell, der wor goud – hä! Aweng a Schbäßler mou fei aa sei – odder nedd?"*

Und dann durfte natürlich auch der Gipfel der rhetorisch-intellektuellen Fragen keinesfalls fehlen: (und das bei voll gefülltem und hoch aufgeschichtetem Warenkorb): *„Demmer im aldn Johr gwiis nu aweng eikaafm?"*

Gerade zum Jahreswechsel und vor allem zu Weihnachten fliegen die Mails nur so durchs Netz. Früher hat man Postkarten geschrieben – früher eben. Eine dieser vielen elektronischen Nachrichten, die mich Anfang Dezember erreicht haben, möchte ich Ihnen nicht vorenthalten. Absender waren – und jetzt frisch aufgemerkt – das Vollkornbrot, das Gemüse, das Obst, die Magermilch, die Gurke, der Sellerie, der Kohl und der Joghurt

sowie das Mineralwasser. Sie alle wollten mir schriftlich mitteilen, dass sie bis zum 7. Januar *„a verdiende Bause"* einlegen wollen und ab da erst wieder zur Verfügung stehen. Dann haben mir die Absender erklärt, dass sich während ihrer Abwesenheit mit der gleichen Aufmerksamkeit um mein leibliches Wohl kümmern wollten: das Steak, die Languste, das Weißbrot, das Fondue, die Butter, die Saucen, die Gans, die Lammkeule, der Spekulatius, die Lebkuchen, die Dominosteine, und natürlich die eine oder andere Flasche Wein, Bier, Sekt und Schnaps. Und all das stünde unter dem wunderbaren Motto *„zum Deifl mid der Figuur."* Tolle Nachricht. *„Subber."*

SILVESTER IN „*NÄMBERCH*"

Für das neue Jahr wünscht man sich vor allem viel Gesundheit und natürlich viel Glück – oder wie der Franke sagt: *„A xunds neis Johr – waßd scho."* Und in diesem kleinen Zusatz *„waßd scho"* liegt eigentlich alles drin, also die ganze Vielfalt an humanem Gedankengut, was der ja als etwas maulfaul bekannte fränkische Mensch seinen Mitbürgern alles zu wünschen vermag. Mit diesen zwei kleinen Wörtern spannt er – die subtile Kenntnis der fränkischen Seele voraussetzend – den weiten Bogen von den allgemeingültigen und bekannten Wünschen für Gesundheit, Wohlstand, Glück, Wohlergehen bis hin zu den höchst subjektiven Dingen wie Gesundheit, Wohlstand, Glück, Wohlergehen.

„Jaa, suu isser hald, unser Frangge – gell."

Diese Vielfalt an gutgemeinten Wünschen vermag der immer an rhetorischer Verschlankung interessierte Franke im Extremfall auf sogar nur drei Worte zu reduzieren: *„A xunds Neis!"* Mehr braucht der Franke eigentlich nicht, obwohl ich zum letzten Jahreswechsel Wünsche ausgesprochen bekommen habe, die ich Ihnen so auch noch mitgeben möchte: *„Ich wünsch Ihner alles des, wos sie sich selber wünschn, und des dobbld und dreifach, und zwor soford, und dou mäins edz schauer, dassd damid irchndwäi klorkummer. Und edz kummd is besde: Ich maans a suu."* Kann man so stehen lassen – oder nicht?

irchndwäi

Das schafft mir eine wunderbare Überleitung zu den fränkischen Stammtischen, die ich in dieser Zeit des Jahreswechsels im Rahmen meiner Auftritte immer reichlich besuche. Da bin ich immer bewaffnet mit Zettel und Stift, um etliche Aussprüche, Zitate, Lebensweisheiten und Aphorismen zu notieren. Und die allermeisten dieser Kommentare haben die automatisch stattfindende Gewichtszunahme über die Feiertage zum Thema.

„*Mei Sixbägg is mir suu wichdich, dassis sofodd mid anner Schudzschichd aus Fedd schüdzn mou*". Ja, das sind „*fränggisch redoorische Rasereien*", die schon hart an der Grenze zum Philosophischen einzuordnen sind. So gehört im Mögeldorfer Wirtshaus. Wirklich. Der Tischnachbar hat dazu bemerkt: „*Mei Wooch gäihd aa fimbf Kilo vuur.*"

Wenn dann der Tischnachbar, ausgestattet mit einem schon sehr ordentlichen Weizen-Spoiler, erzählt, er hätte ganze fünf Kilo abgenommen, antwortet sein Gegenüber: „*Des is genau su, wäi wenn a 18-Donner-Lkw a Zierleisdn verliard.*"

Fränkische Weisheiten – zum Niederknien schön. Wenn man so etwas hört, dann halten die Ohren die Luft an.

Standortwechsel. Großgründlach. Dorfgasthaus. Kommentar des Vereinsvorstandes, dem's „*sei Walberla ganz schäi raus-drüggd*": „*Mei Noobl is momendan hald aweng weid wech vom Rügggraad.*"

Rügggraad

Und hier die mit einem Augenzwinkern versehene eigene Einschätzung einer doch schon sehr beleibten Dame bei einer Vereinsweihnachtsfeier in Rothenburg: „*Ich bin ned digg, des is alles blouß eroodische Nudzfläche.*" Der Originalkommentar ihrer Vereinskollegin, natürlich hinter ihrem Rücken: „*Wenn däi suu beliebd wär, wäis beleibd is, unser Speck-Barbie.*"

Ja, liebe Leserinnen und Leser, da zeigt sich wieder einmal: „Aller Umfang ist schwer".

Das Thema „Essen und Trinken" gibt halt immer sehr viel an Betrachtungsweisen her. So mancher fränkische Betroffen-heits-Lyriker, in seiner typischen Darreichungsform mit hoch-gezogenen Augenbrauen wie weiland Rudolf Schock versehen, würde hier konstatieren: „Die schlimmsten Sünden sind die Unterlassungssünden." Wenn das stimmt, dann hab ich mir nicht viel vorzuwerfen – in lukullischer Hinsicht natürlich. Man weiß doch, dass nach häufigem Verzehr unseres fränkischen

Krustentieres *("Schäuferla")* ein erhöhter Body-Mass-Index gar nicht zu vermeiden ist.

Der Körper eilt temporeich auf die Klamotten zu, auch wenn der eine oder andere Nürnberger das mit *"obdimierder Leibesfülle"* beschreibt. Der Übergang vom Winterspeck zur Frühlingsrolle ist dann sehr deutlich in Form eines ordentlichen Kugelbauches sichtbar. Dann sprechen versierte Feinschmecker einfach vom Überhang-Mandat oder von der kritischen Masse unterhalb des Kinns. Und dass man momentan halt *"aweng an hardnäggichn Gärdl"* braucht. Und *"dassmer hald eimbfach zu klaa fir sei Gwicht wär."* Na sauber.

Oder man bekommt zu Gehör:
"Du läßd dir wohl a Bäuchla schdäih?" – als Antwort aber dann: *"Naa, ich ess ned zuviel, di Kalorien gräing vo mir eimbfach a schäins Derhamm. Außerdem binni ned iebergwichdi, iich bin undergrouß, dassders waßd."*
Oder:
"Ich bin ned dick, ich brauch blouß aweng mehr Bladz fir meine inneren Werde."
Auf jeden Fall kennt der Nürnberger den Zusammenhang zwischen Konfekt und Konfektionsgröße.

Zur besseren Verstoffwechselung kann zum Bier oder zum Wein natürlich das eine oder andere Glas guten Branntweines appliziert, respektive über den Knorpel geschickt werden. Aber um Himmels willen nicht zu viel. Sonst kann es gehen, wie dem Vereinskassier in Windsbach, der mit einem leichten Hang zur Dekadenz zu seiner Frau gesagt hat: *"Suu bsuffm wor i gesdern ja aa wieder ned."* Die Antwort seiner besseren Hälfte: *"Jednfalls hosd derhamm in Duschkubf in Arm gnummer und hosd gsachd, er soll edz sofodd zum Greiner aafhörn."*

Das sind tatsächlich nur für einen Franken völlig verständliche lokale Verhaltensweisen.

Bäuchla

DER NÜRNBERGER UND SEIN FASCHING

miedgräichd

„Allmächd, ja der Wahnsinn, hosders scho miedgräichd? Fasching is!" So oder so ähnlich könnte die Begrüßung ausfallen, wenn sich zwei Nürnberger in der fünften Jahreszeit treffen.

Schenkelklopfer des letzten Jahres aber war meine Begegnung mit meinem Stammtischkollegen am Rosenmontag so um die Mittagszeit, denn vorher steigt in der letzten Faschingswoche kein zurechnungsfähiger fleißiger Stammtischgänger aus den Federn. *„Heid fräih",* so erklärte er mit todernster Mine, *„binni scho ieberfalln worn* (kurze Pause), *vom Frohsinn!"* Ich weiß, was er in dem Moment von mir erwartet hat: dass ich grinse, lache, brülle, johle, Schenkel klopfe, nach Luft schnappe und vor lauter guter Laune hyperventiliere.

Ich hab aber dann genau so reagiert, wie ein faschingsgeschädigter fränkischer Humorbolzen reagiert. Ich habe geantwortet: *„Edz geh zou, mach ka Woor, wer hädd edz des denggd."* Ja, ich weiß, etwas weniger albern wäre auch noch lustig gewesen.

Fasching in Franken. Ein Thema für sich. Die Gute-Laune-Beauftragten der Nation, die Rheinländer also, reden da ganz anders. Da gibt's den „Garneval in Göln". Bei der Herkunft der Begriffe „Karneval" und „Fasching" streiten sich die Gelehrten, und es gibt jeweils mehrere Erklärungen. „Carne vale" soll bedeuten „ohne Fleisch". Die Doppelbedeutung ist augenscheinlich, denn man soll nicht nur fasten und wenig oder kein Fleisch essen, man soll auch den fleischlichen Gelüsten in dieser Zeit entsagen. Kommentar eines lebensfrohen Nürnbergers: *„Suu a bläide Idee!"* Und hier die zweite Meinung: Aus dem Lateinischen kommt der Name „Carrus navalis", wörtlich der „Schiffskarren". Übrigens soll sich der Dyonisos, der alte Schlack, auf einem solchen Narrenschiff während des frühjährlichen Weinfestes in Hellas herumfahren haben lassen.

Fasching gilt ja auch in Franken als die fünfte Jahreszeit, so wie die Bockbierzeit im unmittelbaren Anschluss daran als die sechste Jahreszeit gilt. Als „Fastnacht" wird seit dem 11. Jahrhundert der Vorabend des Tages benannt, an dem die 40-tägige Fastenzeit vor Ostern beginnt. Der Begriff „Fasching" leitet sich angeblich von dem Wort „Fastenschank" ab, also auch der letzte Ausschank von stimulierenden Getränken vor der früher noch strenger befolgten Fastenzeit.

Jetzt aber zur menschlichen Komponente. Im rheinischen Karneval gerät der feiernde Stimmungskanonenhauptdarstellerbeauftragte bei jeder Elferratssitzung schier aus dem Häuschen. Bei der „*fränggischn Brunggsidzung*" (Prunksitzung mit anschließendem Tanz) geht es da etwas gemütlicher zu. Schon die Auswahl des Kostümes im Vorfeld führt zu inhaltsreichen Diskussionen.

Der Mann zu seiner Frau: „*Als wos gäihsdn du heid oomd, wäi maskiersdn du dich?*" Die Frau: „*Mid meine Grambfadern könndi als Landkardn gäih. Und du, wos machsdn du?*"

Der Mann: „*Ich gäih als Boodwanner, ich lou mi vulllaaafm.*" Letztlich werden aber beide lediglich ein lustiges Papphütchen aufsetzen und sich damit als „bis zur Unkenntlichkeit maskiert" fühlen.

Boodwanner

Während des manchmal mehr, meistens aber weniger abwechslungsreichen „*Sidzungsbrogramms*" gibt es dann entsprechende Kommentare: „*Noja, is scho ganger, suu schlechd wors aa widder ned*", oder man kommentiert den Büttenredner: „*Dem seine Witz gfalln dem aa selber vo Johr zu Johr besser.*" Beim Gardetanz trauert der Mann dann innerlich und kommentarlos seiner vergangenen Jugend „*aweng*" nach und irgendwann kommt dann das „*Bausn-Zigareddla*" in der Kälte vor der Türe. „*Fräiher wor des schänner, dou hoddmer drinner*

raung därfm." Antwort des Mitrauchers: *„Jaa, fräiher wor des alles andersch, dou homm di Schdreichhölzler di Köbf aa nu aff der andern Seidn ghabd."* Das ist eben echter, fränkischer, zugegebenermaßen etwas stillerer und subtilerer Humor.

Dann ist irgendwann das Sitzungsprogramm beendet und es wird selbst getanzt. Der Walzer mit der eigenen besseren Hälfte – ist der Pflicht oder Kür? Im Idealfall beides. Wenn auch unsere fränkische Frohnatur mit dem federnden Gang eines afrikanischen Kaffeesackträgers die Tanzfläche stürmt, dann ist sein Bewegungsablauf beim Tanz mit seiner Trulla meist doch eher statisch als dynamisch. Gehässiger Kommentar des Tischnachbarn: *„Hod edz der Fußbilz odder Hämmoriddn?"* Lockerer aber wird man letztlich dann mit jedem Seidlein Bier.

Und irgendwann ist dann die Veranstaltung zu Ende. *„Gemmer hamm, wall morng fräih is di Nachd rum"*, wird unser nicht mehr so feierwütiger Nürnberger mit leicht humpelnder Zunge zu seiner Angebeteten sagen. Die wird ihn auf dem Heimweg dann doch ein bisschen stützen müssen. *„Reiß di uweng zamm"*, wird sie zu ihm sagen, *„ned, dassd widder* **Bröggerler** *Bröggerler lachn mousd am Hamweech, wäi ledzds Johr".* Und er wird antworten: *„Des wassi scho nu, obber dou hobbermer blouß alles nu amol durchn Kubf gäih loun."* Er wird aber noch konstatieren, dass das beste und berühmteste und vernünftigste fränkische Tier der Zapfhahn sei und *„ieberhabbds!"*

Na ja, um diese Uhrzeit erscheint der Sprachduktus des Nürnbergers immer etwas kantiger als im Normalfall.

VORBEMERKUNG ZU FOLGENDEN WIRTSHAUS-KAPITELN

In den folgenden vier – teils recht umfangreichen – Kapiteln geht es um einen fränkischen Lebensraum, dem früher sehr viel mehr Bedeutung zukam, als in der heutigen Zeit.

Es geht um das fränkische Wirtshaus.

Tja – früher. Da gab es kaum ein privates Telefon zuhause, Fernsehgeräte gab es eher selten, und wenn überhaupt, dann nur in Schwarz-Weiß. Computer, PC, Tablet, Smartphone sowie das Internet überhaupt waren lediglich Ideen in den Köpfen einiger weniger technischer Erfinder und damit absolute Zukunftsmusik.

Gesellschaftsleben, Information, Meinungsaustausch, lokaler Tratsch, das Feiern von Jahresfesten, aber auch die Meinungsbildung über Politik, Sport, Wirtschaft, Religion, in Ansätzen vielleicht sogar über Philosophie – all diese Dinge fanden also früher vorwiegend im Wirtshaus statt.

Lokaler Treffpunkt, Neuigkeitenbörse, kultureller, gesellschaftlicher und wirtschaftlicher Mittelpunkt waren damals die Wirtshäuser, deren Anzahl die heutigen Lokale wohl um das Vielfache überstiegen haben.

Deswegen wurden hier viele, wirklich viele Sprachgebräuche entwickelt, erhalten und teilweise bis in die heutige Zeit weitergegeben. Manche haben sich sogar auf Dauer manifestiert.

Diese Erklärung ist mir aus zwei Gründen wichtig:

Erstens soll trotz aller sprachlicher Vielfalt der Wirtshaus-Rhetorik der Eindruck vermieden werden, die Franken wären allesamt nur „*Wärdshaushogger*", „*Bierdümbfl*", oder andere mit ausschließlich niederen Instinkten versehene Zeitgenossen. Nein, nein. Ausschließlich die langen Jahrzehnte der

Bierdümbfl

Wirtshauskultur haben diese langen Kapitel entstehen lassen. Kommt übrigens in anderen Landstrichen auch vor.

Zum Zweiten soll natürlich der Eindruck vermieden werden, der Verfasser wäre nichts anderes als ein „*Wärdschafdsbrüü-fer*", der Tag und Nacht in der Kneipe sitzt.

Natürlich nicht, aber das Aufwachsen im Gasthaus „Lohengrin" meiner Großeltern in Nürnberg in der Wodanstraße hat mich schon in frühester Jugend angeregt, diese „*fränggischen Soocherer*" zu sammeln und irgendwann als Kollektion zu verlegen.

Und eines sei noch angemerkt:
Viele der Sprüche, die es in die folgenden Kapitel geschafft haben, werden natürlich auch in anderen Gegenden und in anderen Dialekten verwendet. Viele auch erst in neuerer Zeit. Manche sogar in den Weiten des Internets. Zugegeben.
Aber: „*Fränggisch glingers eimbfach schänner – odder ned?*"

„WÄRDSHAUS" I

In diesem und in den nächsten Kapiteln wollen wir uns, liebe Leserinnen und Leser, mit einem Thema beschäftigen, das behaftet ist mit Beschreibungen von diametralen Gegensätzen: ich spreche vom *„fränggischn Wärdshaus"*.

Bei aller Liebe zur internationalen Gastronomie muss es erlaubt sein, sich zu freuen, dass es überhaupt noch ein paar typisch fränkische Gastwirtschaften gibt – mit all ihren feinen Speisekarten, die alleine schon beim Lesen die Verdauungssäfte anregen, *„und wou an is Wasser in der Goschn zammläffd"*.

Auch mit ihren ungeschriebenen Gesetzen, die Stammgäste über lange Jahre manifestiert haben und mit ihren abendlichen und nächtlichen, sinnschwangeren Gesprächen, die fast schon in *„fränggisch-filosofische"* Rasereien ausarten.

„Wenn die Woschd su dick wäi is Brot is, nou is woschd, wäi dick is Brod is." Das ist eine der Stammtischweisheiten, über die es nie eine geteilte Meinung geben wird.

Überhaupt die inhaltsvollen Zwiegespräche hören sich an wie Schalmeienklänge für ein *„fränggisches"* Ohr:

„Wos machsdn heid?" – *„Nix"* – *„Des hosd doch scho gesdern gmachd"* – *„Dou bin i obber nedd ferdi worn"* – einfach ein Klassiker.

Hier noch eine verbriefte Unterhaltung an einem *„fränggischn Kardlerdiisch"*:
„Dou herinner schdingds" – *„Des wern hald die Hund sei"* – *„Dou sin doch gor kanne Hund dou"* – *„Däi wern scho nu kummer."*
Kein weiterer Kommentar nötig.

Kardlerdiisch

Leberkäsweggla

Hier eine Testfrage: Was meint der Nürnberger, wenn er folgende Bestellung aufgibt: *„Bidde aamol LKW mid ABS?"* Das heißt *„Leberkäsweggla mid a bissla Sembft."*

Einerseits gilt das fränkische Wirtshaus als sozialer Treffpunkt, als kommunikativ verstärkende und die Bevölkerung zusammenführende sozial hochwertige Einrichtung, andererseits kann man in einer fränkischen Wirtschaft Stunden mit einem fremden Tischnachbarn verbringen, ohne ein einziges Wort mit ihm zu wechseln. Falsch ist allerdings die Geschichte, dass der Wirt zum Fenster rausschaut und brummig bemerkt: *„Suu a Grambf, edz kummer dou siem Leid und iich hob ner blouß sechs Diisch."*

Es gibt aber Regeln, ungeschriebene Gesetze und Verhaltensweisen, die für ein fränkisches Wirtshaus und seine Stammgäste wirklich typisch sind. Toleranz etwa ist, wenn der Franke sich von einem *„Breißn"* ein Bier zahlen lässt. Und Cleverness am fränkischen Stammtisch ist, wenn man zwischen dem zweiten und dem dritten Bier ganz schnell ein viertes trinkt. Wie man sieht, ist der Franke neben rhetorischen Spitzfindigkeiten auch mit höherer Mathematik vertraut.

Auch bei der Bierbestellung schöpft der kreative Stammgast aus einem schier unerschöpflichen Reservoir an freundlich akzentuierten Worten: *„Ganz schnell nu a Seidler, bevuur i die Droggnschdarre gräich odder bevuur mer di Mandln verbrenner."*

Auch die sehr, sehr späte Bestellung lässt diplomatische Sensibilität vermuten:

„Edz drink mer nu a gemüüdlichs, bevuur mer si des vuurläufich vuurledzde beschdelln." Das ist fränkische Lebensart nach Ansage.

Mit fünf fundamentalen Erkenntnissen aus dem Wirtschaftsleben möchte ich dieses Kapitel schließen:

- 1. Unter sportlichen Aspekten gesehen kann man
     sich sogar eine Schluckmuskelzerrung holen.

- 2. Den Weg von daheim ins Wirtshaus nennt man
     „Durststrecke". Einverstanden? *„Also guud!"*

- 3. Wissensdurst ist die flüssige Form von Bildungshunger!

- 4. Die Lieblingstiere des Franken sind der Zapfhahn
     und das Krustentier. *(„Schäuferla")*.

- 5. Späte Erkenntnis: *„Wenni ner hie wär –
     dou wous gesdern des Freibier geebm hod."*

  Viel Spaß beim *„Driebernouchdenken"*.

„WÄRDSHAUS" II

„Fränggische Wärdshaiser" sind ja nicht nur für monolog-mäßige Ergüsse geistiger Art bekannt, nein auch die manchmal sehr speziellen Dialoge an Stammtischen gelten in der regionalen Kultur-, Kneipen- und Literaturszene als merkenswert und als bemerkenswert.

Hier ein paar Beispiele.

Gast A: „Ich hob zwaa Schwestern, däi fir miich sorgn."
Gast B: „Suu inderessand is des obber aa widder ned."
Gast A: „Ich hob ja ned gsachd, dass des meine Schwestern sin."

Auch schön:

Gast A: „Hobb, edz schdreidn mer nemmer, hobb, edz verdroong mer uns widder."
Ich wünsch dir edz alles, wos du mir aa wünschd."
Gast B: „Fängsd scho widder ooh?"

Und hier noch ein standardmäßiger Klassiker:
Gast Λ: „Wäi gäihd denn dei neis Λudo?"
Gast B: (sehr belehrend und mit militärischem Ton):
„Des gäihd ned, des fährd."
Gast A: „Also guud, wäi fährd denn dei neis Audo?"
Gast B: „Es gäihd scho."

Neulich in einer „Wärdschafd" in Großgründlach gehört:
bläid   Gast A: „Du schausd obber bläid aus mid der neier Brilln."
Gast B: „Iich hob doch gor ka neie Brilln."
Gast A: „Obber iich hob anne."

Zum ewig gleichen Thema
Gast A: „Immer, wenn iich vom Wärdshaus kumm, schaud mei Frau demonschdradiv aff die Uhr."
Gast B: „Des gäihd ja nu, meine schaud immer affm Kalender."

Zwei Landwirte unterhalten sich beim Feierabendbierchen.
A: *„Gesdern binni midn Draggdor in a Radarfalln neigfohrn."*
B: *„Und – hodds blitzd?"*
A: *„Naa, gschebberd hodds."*

Wir sehen also, im *„fränggischen Wärdshaus"* ist man keineswegs vor fränkisch-linguistischen Überraschungen sicher. Hier noch ein paar *„Soocherer"*, die original aus dem Wirtschaftsleben unserer Regionen stammen:

- *„Algohol machd gleichgüldich,*
  obber des is mir fei völlich woschd."
- *„Ich bin ned abergläubisch, wall des bringd Unglügg."*
- *„In der Wirglichkeid is di Realidääd ganz andersch."*
- *„Vom Feeling her hobbi a ganz gouds Gfüühl ghabd."*
- *„Iich wolld immer a Frau hom,*
  däi kochn konn wäi mei Mudder,
  edzer hobbi anne, däi konn saufm wäi mei Vadder."
- *„Bei uns kummd ka Algohol mehr affm Diesch,*
  wall mir schenggn edz ganz vorsichdich ei."   *vorsichdich*

Auch internationale Trinkgewohnheiten werden konsequent „eingefränkelt".

So wird der mexikanische Tequila ja folgendermaßen konsumiert: Tequila mit einer Scheibe Zitrone und einer Prise Salz. Die fränkische Variante, die wir in Kornburg tatsächlich schon zelebriert haben, lautet: Ein Obstler, eine Scheibe Stadtwurst und *„a Bätzla Sembfd"*. Nicht schlecht. Probiern Sie's aus.

Zum Schluss noch zwei kurze Geschichten, von denen auch nicht ganz sicher ist, ob sie stimmen, aber dann sind sie sicher sehr gut erfunden:

Der Gast am Stammtisch bestellt und trinkt erst 5 Obstler, dann 4, dann 3 und so weiter. Als er nach dem letzten einzigen

Schnaps erkennbar mit der Zunge humpelt, gibt er folgende Erklärung ab: *„Komisch is des, je wenicher dass i dringk, desto bsuffner werri."*

Und hier einer meiner Favoriten:

Der eine Kumpel fragt den anderen, wie denn das gestrige Vereins-Jubiläums-Festessen gewesen sei. Und dann kriegt er zur Antwort: *„Eigendlich ned suu doll. Wenn di Subbm su warm gwesn wär wäi der Wein, der Wein su ald wäi di Gons und die Gons su fedd wäi di Wirtin, nou wärs scho ganger."*

„WÄRDSHAUS" III

Natürlich gibt es unendlich viele Geschichten, die sich um das fränkische Wirtshaus im Allgemeinen und um das Nürnberger Wirtshaus im Besonderen drehen.

Spätnachts, in hochgeistigen, philosophisch anregenden und angeregten, anspruchsvollen Gesprächen kreativ erarbeitet, ergeben sich oft zelebrale Ergüsse der besonderen Art.

Nutzloses Wissen wird in bescheuerte Weisheiten gepresst, amüsante sprachliche Ausrutscher werden zu raffinierten Allgemeinplätzen erhoben, und schlagfertige Antworten zu famosen Floskeln.

Einerseits.

Andererseits könnte der Eindruck entstehen, der Autor „dääd ja blouß Schbrüch sammln, wou scho lang bekannd sin odder eimbfach aweng wos ausn Inderned abschreim".

abschreim

Dieser Eindruck ist falsch.

Sicher habe ich das eine oder andere Zitat selbst gehört, selbst erlebt, war vielleicht sogar bei seiner Entstehung dabei.

Aber sobald im eigenen Umfeld publik wird, dass man diese Kollektionen mundartlich-geistiger Ergüsse veröffentlichen will, kommen aus allen Ecken und Enden Anregungen, Ideen, Erlebnisse, ja sogar kleine Sammlungen auf einen zu. Und die gilt es dann zu sichten, zu selektieren, thematisch zu ordnen und in Form zu bringen.

Wie bereits erwähnt, bin ich mir nicht sicher, ob alle Geschichten stimmen, die man mir selbst erzählt oder weitergereicht hat, oder ob manche frei erfunden sind. Jedenfalls sind sie alle lustig, und sie könnten auf jeden Fall so oder so ähnlich in fränkischen oder in Nürnberger Wirtshäusern entstanden und erklungen sein. Und sie passen tatsächlich zur fränkischen Seele. Und zum fränkischen Gemüt. Und zur fränkisch barocken Denkweise. *„Und ieberhabds!"*

Schon mal eine kleine Kostprobe gefällig? – Bitte sehr:
Gast zum Wirt: *„Herr Wädd, wou bleibdn mei Bier?"*
Wirt zum Gast: *„Ner langsam, Schweinau is aa ned anern*
aanzichn Dooch baud worn."

SPRÜCHE IM WIRTSHAUS –
WIRKLICH SELBST GEHÖRT, ERLEBT UND NOTIERT

A – IM ZUSAMMENHANG MIT DER GASTRONOMIE

- *„Iich mecherd zahln. Drei Bier hobbi ghabd,*
  zwaa zohl i und ans gräich i nu."

- *„Jeds Bier, des ned drunggn wärd, hod sein Beruf verfehld."*

- Kommentar zu einem schlecht eingeschenkten *Bier:*
  Värdl   *„Also drei Värdl sin nix halbs und nix ganz."*

- *„Iich hädd gern a Weinschorle – obber ohne Wasser."*

- *„Frollein, iich hädd gern di Rechnung flambierd."*

- *„Hodd der behaubded, iich wär aggressiv,*
  hobbin glei anne neighaud."

- *„Iich waß scho, dassd di Phönizier is Geld erfundn homm –*
  obber warum su wenich?"

B – ALLLGEMEINER NATUR

- *„Des, wos ich alles vergeß, konner mer gor ned mergn."*

- *„Schlechd seeng (sehen) doui goud, ob-*
  ber goud hörn doui schlechd."

- *„Derferd ich evenduell meine Wenichkeid
  neber Ihner hiehoggn?"*   *hiehoggn*

- *„Drinner is wäi draußn, blouß anderschd hald."*

- *„Du konnsd scho machen, wosd mogsd,
  aber ned dou und ned asuu."*

- *„Meine Kinder hom di Indelligenz vo meiner Frau –
  wall iich hab meine ja nu."*

- *„Blouß dassders waßd: Reichdum is besser wäi Armuud,
  und des hod haubdsächlich finanzielle Gründ."*

- Und außerdem: *„Wäivill dassd iich verdien,
  des hängd vo meim Gehald ab."*

- *„Komisch, dassd mer aff äldere Foddos
  immer jünger ausschaud."*

- *„Iich mach zurzeid Diäd. Also eigendlich drei Diädn,
  wall vo anner wärd mer ja ned sadd."*

WIRTSHAUSSPRÜCHE, DIE MIR SO SO ERZÄHLT WURDEN

- *„Horch, dou hod neili anner zu mir gsachd …",* –
  Wahrheitsgehalt ist aber fraglich!

- *„Edz mou bald wos gschehng, wall wenn ned
  bald wos gschichd, nou bassierd nu wos."*

- Kommentare zum nicht so guten Essen:
  „Des schmeggd ja wäi Oma underm Arm."
  „Allmächd, des wor ned amol su goud."
  „Der Koch in derer Kichn mou obber a budzicher Kerl sei."

- Andererseits zu einer exzellenten Suppe:
  „Zu dem Sübbla mäißerd mer eigendlich Sie soong."

- „Es gibd Kola light, es gibd Schbreid (Sprite) light,
  es gibd Fanda light, und es gibd bläide Leid."

- „Is doch worschd, wenns draußn reengd,
  is doch suwäisu a schlechds Wedder."

- „Iich bin edz grandich aff mei Frau. Wenns fräiher wos zum
  Endscheidn geebn hodd, hodds immer gsachd:
  „Des schdäihd ganz ba dir." Und wenns heid wos zum End-
  scheidn gibd, sachds immer: „Des hängd ganz vo dir ab."

- „Fräiher wori unendschlossn.
  Obber heid binner mer dou nemmer su sicher."

- „Zugger is des, wos dem Kaffee an biddern Gschmagg
  verleihd, wemmern vergissd, nei zum dou."

- „Reisbrei schmeggd am allerbesdn, wemmern kodz
  vurm Essn durch a schäins Schaiferla ersedzd."

- „Di erschdn fimbf Dooch nachm Wochnend
  sin di schlimmsdn."

- „Ich hob suviel ieber di Auswirgungen
  vo Algohol und Niggodin glesn.
  Drum hobbi edz beschlossn, aafzuhärn – middn Lesn."

Algohol

- „Leechd eier Geld eimbfach in Algohool ooh,
  wall värzg Brozend gräichder nercherdswou."

- „Mir mäin edz endlich aafhärn, wenicher zu dringgn."

- Bemerkung aus der „Grufdi-Fraggdsion":
  „Edz, wou mir nemmer könner, däädn däi daherkummer
  und uns erzähln, wos mir alles versäumd häddn."

- Zur Bedienung:
  „Frollein, des Bier braungs ned aafschreibm, des dringgi glei."

ZWIEGESPRÄCHE IM WIRTSHAUS, SELBST MIT ANGEHÖRT

- A: *„Hosd du edz wärgli scho des dridde Bier?"*
  B: *„No ja, drei Bier sin a Essn,*
     und nou hobbi nunedd amol wos drunggn."

- A: *„Gell – die Wale ghörn zu di Säugediere."*
  B: *„Ja, ja, und di Hering zu di Salzkaddoffln."*

- A: *„Wäi haßd edz nuamol däi Granggheit,*
     ba derer mer alles vergissd?"
  B: *„Hör auf mid deim Gschmarri. Der Schudzbadron vo di*
     Vergeßlichn is aff jedn Fall der heiliche Dingsbums."

- A: *„Waßd du, wäi mer a laudes Damenkränzla*
     ganz schnell zum Schweign bringd?"
  B: *„Naa, erzähl amol."*
  A: *„Dou sagsd: Edz erzähld jede a kodze Gschichd –*
     und di Äldesde fängd ooh."

- A: *„Dousd du eigendlich a amol fasdn?"*
  B: *„Freili – immer zwischer di Mahlzeidn."*   *Mahlzeidn*

  A: *„Moußd du immer is ledzde Word hom?"*
  B: *„No ja, anner mouß ja hom."*

- A: *„A abgschdandns Bier – des hobbi neili irchndwou*
     ghörd – konn mer nu brima als Haarkur verwendn."

B: „Ich bin edz dou völlich verwirrd –
wos bidde is a abgschdandns Bier?"

- A: „Ich glaab, du hosd is Bahlsen-Syndrom."
  B: „Allmächd, wos issn des?"
  A: „Du gäihsd mer ganz schäi affm Keks."

ZWIEGESPRÄCHE IM WIRTSHAUS, SO ODER SO ÄHNLICH

- A: „Schdimmd des, dass eier Bürchermasder gschdorm is?"
  B: „Suu genau waß i des ned, eigroobm homs nern jednfalls."

- A: „Du worsd doch erschd bam Doggder.
  Wos hoddn der gsachd?"
  B: „Der hodd gsachd, ich hädd a Organverschiebung.
  Mei Leber wär im Orsch."

- Gast: „Iich hädd gern an schdrammer Max."
  Bedienung: „Des glaabi scho, obber wos wollns denn essn?"

- A: „Also, manche Graffiddi sinn ned amol su schlechd."
  Schdimmd   B: „Schdimmd. Iich gäih ierberhabds gern zum Idaliener
  zum Essn."

- A: „Waßd du, wos ich dou mouß, um ganz
  schnell aff 0,5 Bromille zum kummer?"
  B: „Eimbfach drei Dooch lang nix dringgn."

- A: (zeigt stolz ein Foto von seinem neugeborenen Sohn)
  „Gell, der Glanne schaud doch aus wäi iich?"
  B: „Des is doch ned su schlimm, Haubdsach, er is gsund."

- A: „Alle Frauen wolln immer blouß is selbe vo mir."
  B: „Wos denn nou?"
  A: „Dassd iich ihner ihr Rouh laß."

- A: *„Wou schausdn du als erschdes hie,*
   wennsd a schäne Frau siggsd?"
   B: *„Iich schau als erschdes, ob mei Frau schaud."*

- A: (kommt zu spät zum Stammtisch)
   „Su bald wäi heid binni ja nu nie zu schbääd kummer."
   B: *„Büngdlichkeid is ja ganz schäi, obber alles zu seiner Zeid."*

- A: *„Ich glaab, ich loumi scheidn."*
   B: *„Warum nou?"*
   A: *„Mei Frau zäichd jede Nachd durch di Kneipm."*
   B: *„Is wohl a Algoholiggerin?"*
   A: *„Naa, däi souchd mi immer."*

- A: (nach heftiger Diskussion über ein bestimmtes Thema)
   „Des stimmt fei, wosserder edz gsachd hob."
   B: *„Mei Meinung schdäihd fest, edz dou mi blouß ned mid*
   Daadsachn verwirrn."

Und hier ein Zwiegespräch zwischen einer Ehefrau und
ihrem sehr spät vom Wirtshaus heimkommenden Ehegesponst:

- Frau: *„Wos fir a Ausred hosdn heid?"*
   Mann: *„Gor kanne."*
   Frau: *„Und des soll ich dir glaubm?"*

- Gast: *„Ich hädd gern a kaldes Schaum-Sübbla*
                  vom Hobfm und vo der Gersde."   Hobfm
   Bedienung: *„Wos wolln Sie?"*
   Gast: *„No ja, a Bier hald."*

- A: (stößt versehentlich ein Bier um) *„So eine Scheiße."*
   B: *„Du moußd immer aweng bosidiv denggn."*
   A: *„Schäine Scheisse."*
   B: *„Na also, gäihd doch."*

„WÄRDSHAUS" IV

Diese folgende Kollektion von Begriffen, die man immer wieder hören kann und die offensichtlich in der Nürnberger Gastronomie fest verankert ist, stellt natürlich keinen Anspruch auf Vollständigkeit dar.

Aber oft gewähren diese Begrifflichkeiten einen Blick in die soziokulturelle Identität des konsequenten Nürnberger Stammtischgängers.

BEZEICHNUNGEN FÜR DEN DURST

- „Mir is suu langweilich im Mund."
- „Ich stülp mir etz glei den Dresn übern Kupf."
- „Leber, duck di, edz kummd a Pladzregn."
- „Ich bin völlich underhopft."
- „Mir verbrenner edz glei die Mandln."
- „Iich schdäih kodz vurm Ausdruggner."
- „Mich dorschderds."

BEZEICHNUNGEN FÜR TRINKEN / BETRINKEN

Mudderschbrache

- „Verschärfdes Kampfdrinken bis zum vollschdändigen Verlust der Mudderschbrache."
- „A Kapidel Ducher
  (Schbalder, Lederer, Lammsbräu et cetera) lesen."
- „A boor (ein paar) Halbe eiweisen."
- „A Hobfmkaldschale genießen."
- „An übern Knorpel schiggn."
- „Von-Schüddwitz-Gedächdnis-Dröhnen."
- „An aufm Zapfn haun."
- „An hinder die Binde gießn."
- „Sich die Kande geebn."
- „An aff die Lambn gießn."
- „Die Luft ausm Gloos rauslassn."
- „An Koder (Kater) mit der Flaschn groußzäing."

- *„Aus der Gurgl a Audobahn machen."*
- *„An durchzäing."*
- *„Oozäing wäi a Kreislpumpm."*
- *„Voll die Dröhnung gebn."*
- *„A Druckbetankung machen."*
- *„Der Leber a Hornhaut wachsn lassn."*
- *„Gscheid neibichln."*
- *„An zwidschern."*
- *„Fürchderlich neileichdn."*
- *„Sich an andrällern."*
- *„Brodzende schluggn."*

BEZEICHNUNGEN FÜR TRINKER BZW. ZECHER

- *„Dorschdicher"*
- *„Eure Brommilenz"*
- *„Don Bromillo"*
- *„Säufer"*
- *„Schluggschbecht"*
- *„Gelegenheitsdringger"*
- *„Gsellichkeitsdringger"*
- *„Mehrbereichsdringger"*
- *„Druggbedanker"*
- *„Bsuffns Woongscheidler"*
- *„Nassforscher"*

...und wenn sich dann die ersten bierbedingten Wahrnehmungsdefizite einstellen...

KOTZEN

- *„Ich gäih amol die Keramik oobrüllen."*
- *„Ich mou edz glei mid Uruguay delefoniern."*
- *„Ich werd edz glei in Borzellangodd oobeedn."*
- *„Ich werd edz glei nach'm Ulrich schreier."*
- *„Ich lou mir des alles nu amol durchn Kupf gäih."*

Borzellangodd

- „*Ich mouß Bröggerla lachn.*"
- „*Ich hob etz glei Würfelhusdn.*"

Zu diesem recht unangenehmen Thema noch drei Lebensweisheiten, die sich im fränkischen Wirtshausleben manifestiert haben:

- „*Wer kotzt, wischt auch auf.*"
  und
- „*Wou Saufm a Ehre is, konn Kotzn ka Sünd sei.*"
  und
- vornehm hochdeutsch:
  „Das Leben ist ein Nehmen und ein Geben."
- und jetzt im Dialekt:
  „*Manchmol iebernimmd mer si,*
  und manchmol iegergibd mer si."

KATER

Irgendwann später legt der Körper dann Zeugnis ab von der unerträglichen Schlappheit des Seins:

- „*Ich sauf die Wasserleidung leer.*"
- „*Mir brummd der Schädel.*"
- „*Mir bloudn di Hoor.*"
- „*Des ledzde Bier wor wohl schlechd.*"
- *Brommilenz* „*Wäi gäihd's denn suu – Eure Brommilenz.*"
- „*Ich glaab, ich gräich glei a Frischlufd-Allergie.*"

MASSEINHEITEN:

- „*Schobbm*" ¼ Liter (auch „*Preißnmouß*")
- „*Seidler*" ½ Liter (auch „*Galoppseidler*")
- „*Mouß*" (Maß) 1 Liter (auch verniedlichend „*Mäßler*")
- „*Schdamberla*" Schnapsglas

BEIM ANSTOSSEN

- *„Brosd"*
- *„Brösdla"*
- *„Zum Wohl"*
- *„Wohlsein"*
- *„Schüdd mers noo"*
- *„Xundheid"*
- *„Aff die Plädze, ferdich, voll"*
- *„Der Klüüchere kibbd nouch"*
- *„Dassd uns di Mandln ned verbrenner"*
- *„Wech mid der Bräih"*
- *„Noo dermied"*
- *„Zu wem – zum Wohl"*
- *„Womid – mid Rechd"*
- *„Wodurch – durchaus"*

BEZEICHNUNGEN FÜR RAUSCH

- *„Des Bier und der Schnaps hom sich gecher mei Schbrachzendrum verbündet."*
- *„Rausch"*
- *„Fetznrausch"*
- *„Kanonenrausch"*
- *„Mordsrausch"*
- *„Saurausch" „Russn"*
- *„Affen" „Hepfers"*
- *„Dambers"*
- *„Bledderer"*
- *„Breller"*
- *„Sei Häich* (Höhe) *haben"*
- *„Dampf"*
- *„Lallinger"*
- *„Seier"*

- „Blau sei"
- „Blau wäi a Pfau"
- „Ordendlich die Lampm ohom"
- „Der hodd schwer an gloodn"
- „Oberkande Underlibbe"
- „Der humpld mit der Zunger"
- „Vull"
- „Banander wäi a Bäggla Resi"
- „Sternhagelvull"
- „Hochachdungsvull"
- „Donnergranadenvull"
- „Volle Granade"
- „Vull wäi a Schdrandhaubidzn"
- „Vull wäi a russischer Eldernabend"
- „Zünderer"
- „Brummer"
- „Suff"
- „Glanz"
- „Wurf"
- „Stich"
- „Brand"
- „Zackn"
- „Summserer"
- „Brall wäi a Erbel"
- „Breid wäi a Biberschwanz"
- „Dichd"
- „Hackedichd"
- „Süffisand sei"
- „An in der Krone hom"
- „An sitzen hoom"
- „Angsäusld sei"
- „Laddnstchdamm sei"
- „Schdurzbsuffm sei"
- „A Schloochseidn hom"

WENNS ANS BEZAHLEN GEHT

- *„Edz kummd widder di Berabbungsarie"* – oder
- *„Mid der Zahlerei verblemberd mer sei ganz Geld."*

GEHÖRT LEIDER AUCH ZUM THEMA „WIRTSHAUS"

Kräftige Flatulenzen unter olfaktorischen Gesichtspunkten
- *„No, hommer aweng an Analhusdn?"*
- *„Immer logger floggich durch di Huusn aadmen."*
- *„Des wor a Gruß as Darmschdadt."*
- *„Alles raus, wos ka Miede zohld."*
- *„Dou braugsd ned suu schauer, den siggsd nemmer."*
- *„Räich ich des Aroma, fläichi glei ins Koma."*
- *„Allmächd, bin edz ich aff an Drombeedn-Käfer dreedn?"*
- *„Mit vuuller Huusn läßdsis goud schdinggn."*

AUCH DIE *„DOILEDDN"* HABEN BESONDERE NAMEN

- *„Befreiungshalln"*
- *„Drobfschdaahöhle"*
- *„Gekachlde Räumlichkeidn"*
- *„Bisseria"*

... WENN AM STAMMTISCH EINER NIESSEN MUSS

- *„No, hommer di Händ vull?"*
- *„Is irgnd anner verledzd?"*
- *„Edzer obber aufwischn."*
- *„Hau raus, däi Subbm."*
- *„Braugsd an Labbm odder an Noodarzd?"*

TRINKSPRÜCHE (SELBST GEHÖRT, SOFORT NOTIERT)

- *„Dem Osderhasen sei größds Bläsier – nach jedn Schnabs
  a Seidler Bier. Und dernouch ins Nesd neigspeid –
  ein Hoch der schönen Osterzeid."*

- *„Der Gast geht su lang zum Dresen, bis er brichd."*

- *„Schad, dass mer Bier (Wein, Seggd, Schnabs)
  ned schdreichln konn."*

- *„Ich hob Zirrhose für a Wolknard ghaldn,
  bis i den Algohol enddeckd hob."*

- *„Ich hob versuchd, ohne Sex und ohne Algohol zu lebn.
  Des wor die schlimmsde halbe Schdund in mein Lebn."*

- *„Vurbeung ist besser, als aff di Schouh kodzn."*

- *„Sulang ich am Buudn liegen konn,
  ohne dass i mi fesdhaldn mou, su lang bin ich ned bsuffn."*
  (frei nach Dean Martin)

- *„Schdeeder Dropfen höhld die Leber."*

- *„A richdicher Mooh missdraud allem Fremden –
  es sei denn, es lässd si drinkn."*

- *„Edz wern mir der Leber amol zeing,
  wer der Herr im Haus is."*

- *„Jeder Mensch glabbd irgendwos.
  Ich zum Beischbiel glaab, ich drink edz nu ans."*

- „Wos mer in der Schdrasserboh Überfüllung nennt,
  des haaßd in der Kneipn „Admosphäre."

- „Das Lied vom Roderich:
  Bier her, Bier heroderich fall um."

- „Ins Bedd neigmachd und Sand draff gschdreud –
  ein Prosit der Gemüdlichkeid."

- „Auf, dass diese edle Jauche Welln
  schlooch in meim Bauche."

- „Realidäd is a Illusion, däi durch Mangl
  an Algohol hervorgrufen werd."

- „Wer läffd su späd durch Nacht und Gwidder –
  des is der …, der hulld nu an Lidder."

- „Kein Algohol am Schdeuer!"
  „Ein Schlagloch aff der Schdraß reichd,
  um alles zu verschüddn."

- „Hocksd du beim Bier, bleib hockn und dou di freia,
  wal di Ald schimpfd um zehner genau wäi um dreier."

- „Wenni gäih und wenni schdäih,
  denner mir di Knochn wäih.
  Obber wenni sitz und sauf,
  hörn soford die Schmerzn auf."

- „Wenn ich ins Wärtshaus gäih, doud mir ka Zäiha wäih,
  wenni in di Ärberd mouß – au wäih, mei Fouß."

- *„Des allergrößde Glück aff Erden lichd*
  afm Rücken – ned aff Bferden."

- *„Sei's wäi's will und is wäi's mooch –*
  kummd der Dooch, nou bringds der Dooch."

- *„In der Dunkelheid, dou siechd mer ned su weid,*
  als wäi beim Dageslichd, dou wo mer weider sichd."

- *„A halber Rausch is a nausgschmissns Geld."*

- *„Am besdn is vur jedn Schnabs a Schnäbsla*
  und nach jedn Schnabs a Schnäbsla."

- *„Algohol löösd kanne Brobleeme,*
  obber des doud Milch aa ned."

- *„Läiber in Moong verrenggd, als in Wärd wos gschenggd."*

- *„Di schännsde Hülsnfruchd is des Dosnbier."*

AN NÜRNBERGER KARTLERTISCHEN I

Ich möchte Sie, liebe Leserinnen und Leser, mit meiner Sammlung an Kartlersprüchen bekannt machen. In einem heroischen Selbstversuch habe ich mich jahrelang an fränkischen Kartlertischen rumgetrieben, immer bewaffnet mit Zettel und Stift, um den Kartlern *„aweng affs Maul zum schauer"*. Und *„aweng a Hornhaud aff der Leber gräichd mer dou außerdem"*.

Die imaginäre Kartler-Akademie in Weinzierlein hat ihre Spuren an fränkischen Kartlertischen spürbar und vor allem hörbar hinterlassen. Wenn hier einer der Stammsspieler irgendwann sein erstes getrunkenes Bier „wegbringen" muss, dann springt der sogenannte *„Brunskardler"*, also der „Kiebitz" ein. War derjenige dann in der kurzfristigen Abwesenheit des Stammspielers recht erfolgreich, hört man ihn mit selbstbewusster Stimme und mit extrem hochgezogenen Augenbrauen bemerken: *„Iich sooch blouß anns – Weinzierlein – gell!"* Und jeder weiß dann, was gemeint ist. Ob es diese legendäre Einrichtung für Training und Regelkunde des beliebten „Schafkopf-Spieles" aber wirklich jemals gegeben hat, kann leider niemand beweisen.

Und hier geht's schon los mit den Zitaten, mit den *„Soocherern"* an fränkischen Kartlertischen. Nicht unbedingt in der chronologischen Reihenfolge eines Spiels.

- Wenn der Geber zu lange mischt:
  „Dou hod si fei scho amol anner zdoud gmischd."

- Gibt der Geber schlechte Karten aus:
  „Lou der hald deine Finger vergoldn – Bläidl."

- Ist das Blatt sogar sehr schlecht:
  „A suu an Geber häddns fräiher di Händ abghaggd."

- Wenn man nicht so gut bedienen kann:
  „Könner vuur lauder Lachn."

- Sagt der Gegner ein gutes Spiel an:
  „Ned schlechd, obber schlechd könnds an wern."

- Hat man viele Farben in der Hand:
  „Edz hobbi vo jedn Dorf an Hund."

- Wenn der Partner sich versehentlich verspielt:
  „Du maggsd ja scho beim Kardnhaldn Fehler."

- Bei einem unangenehmen Gegenüber:
  „Edz hoggd der Gaaferer scho widder wisawie."

- Fragt der Gegner, was er ausspielen soll:
  „Wennsd mir folgsd, nou magsd wosd willsd."

- Hat man ein Bombenblatt:
  „Su a Schbiel gwinnd sugoor mei Oma im Koma."

- Wenn der Gegenspieler abräumt:
  „An mir lässder widder sei Woud aus, der Farrisäer."

- Aufforderung zum Offenlegen der Karten:
  „Und edz di Huusn runder."

- Bei der Begrüßung scherzhaft:
  „Schbieln mer ehrlich – odder suu wäi immer?"

- Wenn ein Trumpf ausgespielt wird:
  „Raus musser – sachd der Zohnorzd."

- Geht an diesem Abend rein gar nichts:
  „Ein ganz ganz schlechtes Kardljahr."

- Ist der Gegner kurz vor Ultimo:
  „Wos, du Schurge willsd nu röchln,
  sollerdi nu döder schdöchln?"

- Während der Bürde des Kartenausteilens:
  „Nou bin hald iich vo Gebersdorf."

- Ansage eines Herz-Spiels: *„Herzlich lachd die Tande."*

- Ansage eines Eichel-Spiels: *„An der Ei-*
  chel spield der Knabe."

- Denkt einer der Mitspieler angestrengt nach:
  „Gell Schorsch, edz brauchersd mei Hirn."

- Und wenn das Spiel sehr schnell gewonnen ist,
  hier noch ein typischer Ausspruch:
  „Achdersechzg, ferdich, edz könnder hammschreim, dasser
  gfalln seid, blouß dassers wissd."

Hier noch einer von mehreren Beweisen, dass die Kartler-
sprache wenigstens partiell Einzug in die tägliche Umgangssprache gefunden hat:

- Hat man ein fulminantes Lob auszusprechen, lobt
  man denjenigen *„über den Schellnkönig"*.

AN NÜRNBERGER KARTLERTISCHEN II

Wenn man sich wie ich um mundartliche Eigenheiten kümmert, und wenn man sich die Mühe macht, die jahrelang gehorteten Sammelsurien irgendwann zu sichten, zu selektieren und dann in den einen oder anderen Artikel zu pressen, dann freut man sich besonders, wenn aus dem Kreis der Nachbarn, der Bekannten immer wieder Hinweise, Ergänzungen und weitere Ideen kommen. *„Danggschönn – soochi dou".* Erst letzte Woche im Supermarkt hat mir an der Kasse ein freundlicher Herr einen Zettel zugeschoben mit den netten Worten: *„Dou is nu a suu a bläider Schbruch fir ihr Kaddl-Sammlung – gell."*

Und schon geht's weiter.

- Wenn ein Mitspieler recht lange überlegt, was er ausspielen soll:
Odlkaddn   *„Kumm endli raus mid deiner Odlkaddn. Des is doch a Wärdschafd und ka Waddesaal."*

- Bringt ein Stich nur wenig Augen:
„Mühsam ernährd sich des Eichhörnla."

- Wenn abgerechnet wird und beim „Kontomachen" recht überlegt wird:
„Wennsd edz du mei Geld häddsd und iich dein Geisd, nou häddmer alle zwaa nix."

- Macht einer „das Spiel zu", bevor die andern überhaupt eine Chance hatten:
„Vierzich, deckd is. Nehmers Abschied – schbraach die Leingfrau."

- Hat sich ein Mitspieler beim Ausspielen geirrt:
„Edz hosd dein Dreeg im Schächderler."

- Ein ungeduldiger Mitspieler:
„Schlouf ned, kumm raus mit dein Glumb."

- Hat ein Gegenspieler reichlich Dusel:
  „Der konn vuur lauder Ruudz ned schnaufm."

- Hat man ein schlechtes Blatt bekommen, hört der Geber:
  „Gäih naus und wasch amol deine Händ."

- Kann der Spieler sich nicht entscheiden,
  was er ausspielen soll:
  *„Schbiel edz endli raus, a Kaddn odder a Schdiggla Hulz,
  odder irchndwos – Menschnskinder."*

- Beim Melden hört man immer wieder:
  *„Zwanzich aus Danzich, odder Vierzich, wers ned glabbd,
  der irrd sich."*

- Hat der Gegenspieler sehr viel Glück:
  „Den Seinen gibbds der Herr im Schloof."

- Bekommt man überraschend ein gutes Blatt:
  „Endlich amol a warmer Reeng."

- Kommt Unsicherheit auf, ob es zum Decken reicht:
  „Edz konnsd deckn und dann dervoolaufm."   dervoolaufm

- Man zählt bei Spielende und kommt gerade mal auf 65 Augen:
  „Korz vurm Abbord aa nu in di Huusn gschissn."

- Bei einem Stich mit wenig Augen:
  „Kleinvieh machd aa Misd."

- Wenn man selbst sehr hoch verliert:
  „Einmal genüchd völlich – sachd der Schdaadsanwalt."

- Der Klageruf eines Verlierers:
  „Aus – vurbei – Dein dreuer Vaader."

- Wendet sich das Spiel unerwartet:
  „Dou werd doch der Hund in der Pfanna verrüggd."

- Macht der Gegner keinen Stich mehr:
  „Soo, und edz is der Sack zougmachd – verschdandn."

- Fragt der Partner, wieviel eigentlich schon gewonnen wurde:
  „Des is mer edz gegnwärdich ned ganz momendan."

- Ein Spieler spielt versehentlich falsch aus:
  *„Des gibd Abzüche in der B-Node, wall du hosd ja ned amol
  an Schimmer vom Dunsd anner Ahnung."*

- Zum Verlierer eines Spieles:
  *„Gell, homm sder widder amol zeichd, wou der Bardl in
  Mosd hulld."*

- Darauf der Verlierer selbst:
  *„Des mou mer ladeinisch sehng:
  Endivie habemus, des haßd dou hommer den Salad."*

AN NÜRNBERGER KARTLERTISCHEN III

Dies ist das dritte Kapitel, liebe Leserinnen und Leser, in der wir uns mit dem Thema Kartenspielen in fränkischen Wirtshäusern befassen. Bevor wir auf einige für Nicht-Fachleute unverständliche Begriffe eingehen, hier noch ein paar Aussprüche, die ich exakt so an manchen Kartlertischen gehört habe oder die mir aus den Reihen der Schafkopfspieler weitergegeben wurden:

- Ein Mitspieler spielt eine Dame aus:
  „Raus mid der Mudder an di frische Lufd.“

- Läuft ein Spiel unspektakulär:
  „A bissla wos gäihd immer.“

- Läuft ein Spiel schlecht:
  „Allmächd, des wenn scho gwunner wär …“

- Wird ein Grün-Solo gespielt:
  „Grüüüin scheißn di Gäns.“

- Wird ein Schelln-Solo gespielt:
  „Schellinski war ein Pole“ – oder – *„A Schelln konnst hoom – gell.“*   *Schelln*

- Redet ein Zuschauer zu viel ins Spiel:
  „Der fümbfde Mann ghärd undern Diesch.“

- Bei einem überflüssigen – Zuschauer-Kommentar:
  „Der machd ja scho bam Zouschauer Fehler.“

- Ein Unter wird ausgespielt:
  „Su a Under doud ofd Wunder.“

- Ein unverlierbares Solo wird gespielt:
  „Wos is denn des widder fir a Schdüdzschdrumbf-Solo?“

- Hat man ein attraktives Blatt in der Hand:
  „Ned schlechd ausseeng douds goud, obber goud ausseeng douds ned schlechd."

Kaddn
- Wird zu ausführlich gemischt:
  „Neili homs an fei di Kaddn as di Händ rausobberiern mäin."

- Kommt die Ansage „Die Eichel sticht":
  „Soford ab zum Uroloogn."

Und hier noch ein paar Beiträge aus der zutiefst menschlichen Abteilung:

- Während eines Ruf-Spiels gibt es abwechselnd einen hohen und einen niedrigen Trumpf:
  „Aamol houch und aamol nieder gäihd der Orsch vom Onggl Frieder."

- Geht gar nichts an diesem Abend:
  „Dou mechersd doch an schneeweißn Schieß loun."

- Nach einem verlorenen Spiel:
  „A Nixler in an Biggsler – suu schauds aus."

- Oder auch:
  „Schiggsaal – hod di Leiche gsachd und is weider gschdorm."

Ja, an manchen Kartlertischen menschelt es schon schwer. Wenn dann Emotionen hochgespült werden, weil man mit sehr viel Herzblut und Leidenschaft bei dem Spiel ist, dann feiert die urwüchsige Rhetorik fröhliche Urständ Die sprachlich-kulturellen Barrieren werden immer niedriger angesetzt und der Sprachduktus wird sehr kantig.

Und nicht zu vergessen: Nicht nur die Regeln sind manchmal kompliziert, auch die Bezeichnungen und die Fachausdrücke geben eine große Vielfalt her. Ganze Werke sind hierüber schon geschrieben worden. Für so manche Spielkarte gibt es Namen, die sich nur einem eingefleischten Schafkopf-Fan erschließen.

Nur ein paar wenige Beispiele:

Die *„Schelln-Ass"* heißt *„Odlmannsgwaadschn"*, *„Lumberde"*, *„Bumbl"* oder auch die *„Bugglerde"*, weil die Sau auf dem Bild einen Buckel macht. Darum heißen die *„Assn"* (nicht: Asse) wahlweise auch *„Sau"*. Die Grün-Ass wird als „Blaue" bezeichnet, weil die Vase auf dem Bild blau ist. Die Eichel-Ass ist die *„Alde"*, weil der höchste Trumpf, der Eichel-Ober, der *„Alde"* ist. Wenn dann also *„der Alde in Blauer stichd"* und der Partner *„di Bumbl schmierd, nou is doch alles balleddi – odder ned?"*

Odlmannsgwaadschn

Und hier noch ein aufs Schafkopfen abgewandelter Zweizeiler, erst letzte Woche in der *„Fränggischn"* (Schweiz) gehört:
„Wenn ich zum Kaddln gäih, doud mir ka Zäiah wäih.
Obber wenni in die Ärberd mouß – auwäih – mei Fouß."

NACHWORT

Sprache lebt.
Dialekte leben genauso.
Überhaupt der fränkische und vor allem der Nürnberger Dialekt.

Die schöpferische Wortkraft korrespondiert hier wunderbar mit der ausgeprägten Fähigkeit zur Lautmalerei. Über die Jahre und Jahrzehnte hinweg gibt es sowohl in der Hochsprache als auch bei den Mundarten Weiterentwicklungen, neue Wortschöpfungen und immer wieder neue Sprachgebräuche.

Das ist auch der Grund, warum ein Wörterbuch oder ein Buch über lokale sprachliche Eigenheiten niemals fertig sein kann. Es ist zu Ende, aber es ist niemals fertig. Es ist immer eine Momentaufnahme der jeweiligen Zeit. Natürlich kann man umgangssprachlich vieles aus vergangenen Tagen mit herüberretten in unsere Gegeenwart. Etwa all das, was man mundartlich schon mit der Muttermilch aufgesogen hat.

Aber dann kommen – sicher in allen Dialekten – linguistische Entwicklungen und aktuelle Wortschöpfungen dazu. Und das ist ja das Schöne daran. Dialekte spiegeln die Volksseele, die verschiedenen, manchmal höchst unterschiedlichen Befindlichkeiten der einzelnen Gebiete und Landstriche wider. Und sie sind vor allem immer ein Stück Heimat.

Hemdsärmelige Sätze lassen die Seele kichern, schaffen und stärken aber auch gleichzeitig das Zusammengehörigkeitsgefühl der Menschen.

Dialekte dürfen nicht untergehen.

Noch ein Wort zu der Erscheinungsform dieses Buches. Sicher, es gibt schon ein paar Wörterbücher in Nürnberger und fränkischer Mundart. Aber auf die sonst übliche tabellarische Anordnung – links die mundartliche Fassung, rechts die hochdeutsche Übersetzung – wollte ich bewusst verzichten. Es ging mir darum, Sprachgebräuche humorvoll eingebettet in täglich stattfindenden beispielhaften Gesprächen und Geschichten kurzweilig darzustellen.

Außerdem habe ich versucht, den Bogen weit zu spannen von grammatikalischen Eigenheiten, über die Beschreibung des fränkischen und speziell des Nürnberger Menschen als solchen bis zu seinen gewohnten Gepflogenheiten und seinem partiellen Lebensmittelpunkt, dem fiktiven oder dem realen Stammtisch.

Sollte mir das gelungen sein, und sollte Ihnen, liebe Leserinnen und Leser, dieser Ausflug mitten hinein in die fränkische Seele gefallen haben, *„nou däds mi gscheid freier"*.

Jürgen Leuchauer, 2017

BESONDEREN DANK AN …

… MEINEN VATI.

Er hat frühzeitig einige musikalische und komödiantische Talente in mir entdeckt, geweckt und sehr früh gefördert.

… GUIDO KESSEL UND PETER RÜHL VON MEINEM KATZWANGER STAMMTISCH.

Manche ihrer spontanen, intelligenten und gleichzeitig doch blödsinnigen sprachlichen Ergüsse haben Einzug nicht nur in meine Bühnenprogramme, sondern auch in manches Kapitel dieses Buches gefunden.

… RENATE STRAUBINGER, HERBERT EGERER, EDITH UND HERMANN WALDENBURGER, ALLE VOM DUO ER & SIE.

Bei ihnen habe ich mir die ersten Meriten auf fränkischen Bühnen erworben.

… HELGA KEHRBACH

von der Kleinkunstbühne „Galerie Gaswerk".

Sie hat mir die Chance gegeben, mein erstes Zwei-Stunden-Bühnen-Solo Programm auf die Bretter zu bringen, die die fränkische Welt bedeuten.

… WALTER WINTER.

Ohne ihn würde es meine *„Houmbäidsch"* nicht geben.

… BERND HÄNDEL,

Sitzungspräsident der Sendung „Fastnacht in Franken" und begnadeter Parodist.

In mehr als drei Jahrzehnten haben wir immer wieder gute Gespräche geführt, manchmal nachdenklich, geistreich und auf hohem Niveau, manchmal *„eimbfach richdi bläid"*, aber immer inspirierend für unsere Programme.

...THOMAS MÄRZ.

Bei jedem PC-Absturz während der Entstehung der Manuskripte war er für mich der Retter in der Not. Er ist mein *„Kombjuder-Doggder"*.

...HANS MITTERREITER (†) UND JÜRGEN SEIFERT.

Meine ersten publizistischen Gehversuche habe ich den beiden zu verdanken. Bei ihnen habe ich meine ersten Mundart-Artikel veröffentlicht.

...JOSEF DECKER.

Es gibt keinen Menschen, der meiner Schreiberei auf wirklich nette und konstruktive Art und Weise kritischer gegenübersteht als er.

...MEINE MONI.

In all meinen musikalischen und publizistischen fränkischen Aktivitäten und Plänen hat sie mich liebevoll und mit viel Verständnis immer wieder bestärkt und unterstützt.

...TED HERTLE,

meinen Lektor, der mein Buch von Anfang bis Ende begleitet hat. Seine fachliche Beratung und sein fundierter Sachverstand werden nur noch übertroffen von seiner netten Art. *„Dangge, gell"*.

...BIANKA ZIEGLER,

die als Co-Lektorin auf kreative und jugendlich-frische Weise viele wertvolle Hinweise bei der Überarbeitung des Manuskriptes beisteuerte.

...DEN VERLAG NÜRNBERGER PRESSE,

namentlich hier die Verleger-Familie SCHNELL für die Bereitschaft, die Zuversicht und das Vertrauen, mein Buch zu verlegen.

Bastian Böttner & Markus Raupach

GUIDE MEDIA

100
Biergarten-Ausflüge
für Familien und Entdecker

Freizeitspaß in Franken - Wandern, Radeln un...

**Bierkultur
und
Freizeitspaß**

Mit Anfahrtsinfo

Bus **R** **S**
VGN

nordbayern.de

Aus dem Hause
NÜRNBERGER
Nachrichten

ISBN 978-3-931683-32-0 · Preis 12,90 €